大同石佛寺

云冈石窟研究院　编
木下杢太郎　著
张嘉伦　译

江苏凤凰美术出版社

图书在版编目（CIP）数据

大同石佛寺 / 云冈石窟研究院编；（日）木下杢太郎著；张嘉伦译．-- 南京：江苏凤凰美术出版社，2017.3（2017.5 重印）

ISBN 978-7-5580-1616-5

Ⅰ．①大… Ⅱ．①云… ②木… ③张… Ⅲ．①云冈石窟—文集 Ⅳ．① K879.224

中国版本图书馆 CIP 数据核字（2016）第 324087 号

策　　划　毛晓剑　程继贤
责任编辑　郭　渊
助理编辑　王　煦　黄　卫
装帧设计　黄　卫
责任校对　吕猛进
责任监印　朱晓燕

书　　名　大同石佛寺
编　　者　云冈石窟研究院
著　　者　（日）木下杢太郎
译　　者　张嘉伦
出版发行　江苏凤凰美术出版社（南京市中央路165号　邮编：210009）
出版社网址　http://www.jsmscbs.com.cn
制　　版　南京新华丰制版有限公司
印　　刷　南京新华泰实业有限责任公司印刷厂
开　　本　787mm×1092mm　1/16
印　　张　16.75
版　　次　2017年3月第1版　2017年5月第2次印刷
标准书号　ISBN 978-7-5580-1616-5
定　　价　98.00元

营销部电话　025-68155790　营销部地址　南京市中央路165号

摄图一　第十九窟[1]（今第 20 窟）露天大佛细节

①此石窟编号由20世纪初期法国学者沙畹所制定，与现今石窟编号不同。为尊重原著，本译作将使用沙畹编号，同时为方便读者阅读，标注现今编号。关于石窟编号问题，请参考译者注《沙畹编号与现行编号的对比》以及原作者后文《云冈佛龛的名称》。——译者注

摄图二　第十九窟（今第 20 窟白佛爷洞）露天大佛本尊及胁侍

摄图三　第十九窟（今第 20 窟）露天大佛细节

摄图四　第十七窟（今第 19-1 窟）洞口拱腹北侧

摄图五　第十八窟（今第 19-2 窟）外观

摄图六　中央石窟第一窟至第九窟（今第 5 窟至第 13 窟）

摄图七　东堂（今第５窟）、中堂（今第６窟）及西堂（今第７窟）

摄图八　五大窟及其西方诸窟（今第 9 窟至第 11 窟）

摄图九　第七窟（今第 11 窟）外壁上部中央及东侧佛龛

摄图十　第七窟（今第 11 窟）外壁东侧上部

摄图十一　第七窟（今第 11 窟）外壁上小佛龛

摄图十二　第七窟（今第 11 窟）外壁上小佛龛

摄图十三　第十八窟（今第 19–2 窟）本尊台座侧面人物像

摄图十四　第二十窟（今第 21 窟）佛龛二佛

摄图十五　第十二窟（今第 15 窟）佛龛二佛内右佛上部

摄图十六　第四窟（今第 8 窟）洞口拱腹西侧

摄图十七　第四窟（今第 8 窟）洞口拱腹西侧细节 毘纽天像

摄图十八　第四窟（今第 8 窟佛籁洞）洞口拱腹东侧

摄图十九　第四窟（今第 8 窟）洞口拱腹东侧细节 湿波天像

摄图二十　东方第一窟（今第 1 窟）西壁佛像

前　言

1902年，日本学者伊东忠太在旅行途中，于大同府西15公里的武州山麓，偶然发现了已被世人遗忘近千年的云冈石窟。尽管石佛被遮蔽在厚重的尘土和错落的村舍之中，但那蕴含着的璀璨的文明艺术之光辉，仍令他感动不已。回国后，伊东写了一篇名为《中国山西云冈的石窟寺》的文章，一时间震撼世界。自此，无数日本及欧美的学者、游客慕名而来，“云冈学”也逐渐成为历史、建筑、宗教、美术等不同学界的“显学”。

在20世纪初的众多云冈倾慕者之中，木下杢太郎算是比较独特的一位。他的职业是医学教授，但又涉足于文学、宗教、美术等领域的研究，可以说是一位百科全书式的学者。对于这样的人而言，当时已知名世界的云冈石窟自然有着无穷的吸引力。1920年初秋，木下与木村庄八（一位年轻的画家）一起游历云冈，在那里生活了10余日。他们白天探访石窟、画写生图、制作拓片，夜里在阴冷的佛寺中写日记、读书、聊天，度过了一段艰苦而又令其难忘的时日。回国后，木下将云冈期间的日记出版成书，取名为《大同石佛寺》。此后的10多年间，云冈学日益兴盛，研究成果也层出不穷。或许是怀着对云冈的眷恋，也或许是对书中记述和研究的不足心存遗憾，木下应出版社之约将旧文整理，并写了几篇新的文章附录于书中。于是，《大同石佛寺》于1938年再版发行。

尽管与伊东忠太、关野贞、松本文三郎、水野清一等人相比，木下杢太郎并不是严格意义上的“云冈学家”。但正因他涉猎广泛，其笔下的云冈可谓“色彩斑斓”：追溯历史时，表述对宗教的认知；诠释造像时，又抒发对艺术的赞美……与其说这是一本研究专著，倒不如说是一本极具文学气息的散文式游记。书中尽述100年前的云冈风貌、村居民情、府城街市、人文故迹，对于熟知云冈和大同的读者而言，每一段落、每一章节都犹如一幅幅老照片，令人好奇而又感慨。

不论对旧时期的日本学者，还是日本民众而言，其本国文化追本溯源无疑便是中华文明。甲午之后，日本人能够相对自由地往来于两国之间。他们中的一部分人，带着憧憬、崇敬的心情，秉持着近代学术研究之术，用文字、绘画、相片，将中华文明似乎已然暗淡的光彩重新折射入日本乃至世界。在那个所谓“西风东渐”的年代，本国文明却为他国学界带来繁盛气象，实在令人汗颜。当然了，学术研究和文化交流是没有国界的，无论在哪个时代，不论哪国所创造的文明都应该为全人类所共享。近代以来，日本或其他国家学者对中国历史、文学、哲学、建筑、宗教、绘画等诸多方面展开了深入而广泛的研究，可以说这是一个文化再生的过程。在这个历经近百年的过程中，我们中国人从旁观无措，到追随学习，再到独领风骚，也逐步完成了学界在近现代学术研究上的飞跃，唤醒了国民对再次认知本国文明的自觉，激发了一个民族沉寂多年的自信。

本书的译者名叫张嘉伦，与他相识有些缘分可言。2013 年 11 月，一位日本游客离开云冈的时候，将专程携带的一本 1940 年版的《大同石佛寺》赠留给我。当时我即与同事说，想找人翻译此书，以丰富云冈记忆。不意 2015 年夏，有人找上门来说翻译出了此书，粗粗一阅，竟然语意通畅、文义准确。约见其人，居然是个 20 多岁的毛头小伙，确实令我刮目相看。几番交谈，我对嘉伦了解益深。他是大同人，但在外求学生活已 10 年有余，留学期间，偶然发现了这本记述云冈的书籍，便在闲暇之时花费一年多时间将此书翻译成稿。且不说译稿已具备相当的水平，对一个年轻人来说，小而言之能够潜心做些学问，大而言之有这份心怀故土、为传扬云冈文化默默奉献的感情，实属不易。在译作修改的过程中，嘉伦数次到云冈研究院，向包括我在内的几位老师诚恳请教，认真聆听意见，不断虚心学习。这种态度令我喜欢，也使我真切地希望这本书能够及时、顺利地出版。

《大同石佛寺》这本书的历史价值远远大于它的学术价值，这也是云冈石窟研究院和译者希望将此书翻译出版的初衷。书中所述所摄的百年前的景象，大概是读者喜闻乐见的。而木下先生在云冈考察中所表现出的令人折服的精神和态度，也会感染着百年之后的我们。

云冈石窟研究院院长　张 焯

2016 年 7 月 7 日

原版序

中国山西省大同府的云冈石佛寺，早已是日本考古学界关注的焦点。学术方面我所熟知的有伊东（伊东忠太）、塚本（塚本靖）、关野（关野贞）等诸位博士的研究。已公开发行的图集有大村西崖的《中国美术史雕塑篇附图》，以及西方学者沙畹（E.Chavannes）的《北中国考古旅行记》（Mission archeologique dans la Chine septentrionale）图录。另外，工科大学的诸位博士也公刊了一部分他们所收集到的相关资料。

云冈的佛像雕塑在清朝时已经历过多次修复，但是时至今日，民国政府却没有将它作为优秀的美术品、文明史上的珍贵遗迹来悉心保护。民国八年（1919），《东方杂志》上刊登了陈垣的《记大同武州石窟寺》一文，这是近代中国对云冈石窟的首次考证。我想，伊东博士的论文大概给予了他很大的启发。

另外，松本博士（松本文三郎）的《中国佛教遗物》中，也有一篇文章记述了他对石窟寺的感想和考证。

然而，在日本美术界，云冈石窟仍没有引起人们太多关注。如今，美术家们对它知之甚少，带着艺术性眼光去亲临其境的人也寥寥无几。可是我们觉得，雕刻家或是画家为了能够亲眼目睹石佛的壮美，即便来中国留学都未尝不可。

大正九年九月（民国九年，1920），我同木村庄八一起在云冈石佛寺停留了10数日，对其进行研究。我们画了写生图，拍摄了照片，制作了拓本和平面图，并且还记录下每天的日常工作。之后，我们在北京的山本照相馆冲洗出30张清晰鲜明的照片。

十二月份回到东京之后，我们试图进一步研究云冈石窟，并将此记述成文。然而一直以来，我琐事缠身，无暇查阅其文献、考证，以及相关研究，从东方文明史及东西方文明交流史的角度去对其进行评述的想法也未能实现。仅仅是为了防止佚失所收集到的材料，我们决定无论如何也要将考察云冈期间的日记修订刊行。对于其他方面的工作，我准备日后再着手进行。

著 者

大正十一年（1922）九月，于东京

再版《大同石佛寺》序

回想起来已是18年前的事情了。那时，我到访了闻名已久的云冈石佛寺，在那里停留了10日，享尽了无限的清福。与我同行的还有木村庄八这样的好同伴。那时我们还很年轻，比起雕塑上的佛教史价值，我们更加醉心于它的艺术韵味。回到东京后，我整理了在云冈10日间的日记，然后将出版的事情托付于木村，便去了美国。就这样，我们共著的《大同石佛寺》由（日本）中央美术社出版发行了。发行的册数不多，而且其中一半已在东京大地震中遗失，想来能够阅读到此书的朋友们并不很多。

如今18年后，当座右宝刊行会①建议我将同书的一部分再行出版的时候，我一度陷入犹豫之中。后来，曾在北京经营照相馆的山本明先生答应我，愿将其拥有的百余幅云冈石窟照片的副本交付予我编入书中，使之能够图文并茂，我才同意了旧稿再版的事情。

我们最初去云冈的时候，关于当地石窟石像的记录还很少，大概也只有伊东博士的旅行记、松本博士的《中国佛教遗物》、沙畹和大村西崖不同的图集，以及陈垣的考证。

因为我们的照相技术还不熟练，所以所见之处多以写生记录为主。初版书中，除了大量带有创作性质的写生图之外，还有当时在山本照相馆冲洗的30张照片，以及沙畹、大村图集中的照片。《云冈日记》中与写生相关的记事较多也是这个原因。此次再版，我将大量使用山本明所赠的照片，删掉原有的半数写生图，余下部分将作为插图编入文章之中。

我们的评论同摄影师的兴趣所在是相背离的，我们的眼光同照相机的镜头也有所差异，因此《云冈日记》中的文字同照片无法做到完全相辅相成。最显著的一例是第七窟（今第11窟）位于外壁高处的大坐佛像，在朝暮薄光之中远远瞻望，

①创办于20世纪20年代的日本出版社，主要出版美学、学术、建筑、考古等专业性刊物。——译者注

它会呈现出庄严慈悲之相。但在阳光下通过相机拍摄出的照片中(摄图六十三)，它便如同一座古拙的雕像。当然了，也有许多曾使我们印象深刻的雕像通过照片再现了其风采(如摄图十四所示)。

鉴赏评价随时代的不同而不尽相同。当时我们从第十九窟(今第20窟)的露天大佛身上并没有体会到太多感动，关于它的记录也很少。但如今去想，它无论如何都称得上是云冈第一，无论如何都该引起世人的关注。

正因如此，我们的《云冈日记》绝不能不经修改便再行出版。初版至今，已有许多学者的见闻录及学术研究问世，学界也新近发现了一两处碑刻。因而，再版之时，我们将会参阅他们的见解和评论。

在重新修订旧稿的时候添加修减、出新补阙，是很有必要的。实际上，我的旧稿与其说是对云冈艺术的研究，不如说仅仅是我对其直观印象的记述。所以，我觉得只字不改也未尝不可。为了再版顺利进行，座右宝刊行会的斋藤菊太郎先生尽其所能，将近十几年所有与云冈相关的出版物尽数收集，以备我参阅摘录。另外，我还准备写几篇新的文章附于书末，以充实本书的内容。

不知云冈的石窟石佛如今怎样，我想无论是谁，只要曾游历过那里，心中都会怀有这样的不安。根据今年去实地考察的三上次男记载的五月时的情况："从整体来看，最近被破坏的佛像数量很少。"日军占领大同后，于去年九月二十日发布命令，对这处1500年前的历史古迹予以保护，这种做法令我深感欣慰。

此书中将收录大量照片，若因此能成为鉴赏北魏古迹的指南之作，我将倍感荣幸。

著　者

昭和十三年(1938)十月十七日

目　录

摄图二十一　云冈石窟全景

沙畹编号与现行编号的对比（译者注）

原著采用沙畹的石窟编号，为便于阅读，译文于原窟号后标注现在的编号。

沙畹编号	现行编号	沙畹编号	现行编号
东方第一窟	第 1 窟	第十三窟	第 16 窟
东方第二窟	第 2 窟	第十四窟	第 17 窟
东方第三窟	第 3 窟	第十五窟	第 18 窟
东方第四窟	第 4 窟	第十六窟	第 19 窟
第一窟	第 5 窟	第十七窟	第 19-1 窟
第二窟	第 6 窟	第十八窟	第 19-2 窟
第三窟	第 7 窟	第十九窟	第 20 窟
第四窟	第 8 窟	第二十窟	第 21 窟
第五窟	第 9 窟	A 窟	第 22 窟
第六窟	第 10 窟	B 窟	第 29 窟
第七窟	第 11 窟	C 窟	第 30 窟
第八窟	第 12 窟	D 窟	第 31 窟
第九窟	第 13 窟	E 窟	第 33 窟
第十窟	第 14 窟	F 窟	第 34 窟
第十一窟	第 15 窟	G 窟	第 37 窟
第十二窟	第 16-1 窟	H 窟	第 39 窟

云冈日记 上

九月十日，于山西省大同

今日，终于历尽艰辛来到了大同。明日上午就能到达云冈。对于我们来说，云冈石佛寺终于不再是百闻不得一见的空名，也不再是照片中单调的影像。

今早 8 点 35 分，我们从西直门出发，列车很快便驶过青龙桥。此番同行的还有后藤朝太郎先生。

因受波兹德涅夫游记的影响，途经张家口时我欲下车停留，但无论如何，想尽快看到石窟的心情，使我不得不放弃了这个念头。由张家口到大同的京绥铁路沿线，景色大致相同。低矮的丘陵沿河延伸至远方，河水流经的平原上，高粱和大豆已经成熟，明朗的黄色充斥于阴郁的大气中，一切都寂静无声。除了杨柳和榆树外，几乎见不到其他大树，然而我却觉得这种景象置于天地之间最为合适。丘陵上的山石间，露出一些稀疏的青草，远远望去，山体表面呈现出令人心情舒畅的褐绿色。有时，山石间也会有一抹赤红映入眼中，令我感到惊奇而又快乐。或是有些地方，山顶处是钴绿色，而山腹至山脚却被麦子的鲜黄色所覆盖，这种景象也吸引着我。远处河水流淌，骑着驴马的人群沿河行走，不时还有驼队穿行其中。

在下花园站的前方，丘陵突然呈现出富士山那样无顶的圆柱形，如砂石般褐色的山麓以及城壁、望楼、城门、白杨出现在眼前，一路上已看惯平远之景的我一时间惊讶不已。

行至天镇时，暮色已近。而到阳高时，天空中只剩下微弱的余晖。

之后，列车缓缓上行，据说所到最高处已接近海拔四千尺。

在北京和众人聚餐的时候，听新近从大同回来的人说，那里异常寒冷，因此我们做了些保暖的准备。然而仅仅身着夏装、头戴护面布帽似乎并不够，进入夜里，我便切身体会到彻骨的秋寒。

晚上 8 点多，我们抵达大同。夜晚时分在中国内地的车站下车，着实有一种特别的心情。我第一次吃面是两年前到河南省洛阳的时候，今夜又是同一番情景。许多拉客的店家，手持用红黑两色书写着店名的或方或圆的铁网灯笼，朝着列车一拥而来，口中吵喊着自家店名，若见到背着行李的人，便一声不响地上前夺过手中。由于我们事先已经打听好了东华客栈，所以寻见灯笼后，便将行李递给了那拉客的人。

客房比我想象的清洁许多，餐饭也不错。店里的人们似乎已经习惯了日本人，所以对我们没有恶意。在这种中国北方的客栈里，我竟然也体会到了怀恋、洒脱、闲静的感觉。

店里有许多同种的狗，都圆圆肥肥的，看来是常吃油腻食物的缘故。而且，它们同店仆也异常亲密。

饭后，我们走出步廊，信步于宽阔的院子里。两人一边用强烈的透视眼光欣赏着此处的建筑，一边闲谈着关于泥塑、脸谱，以及博山炉、六朝佛像的事情。

九月十一日夜，于石佛寺

（一）

此次我们去云冈，从大同的客栈里带了两个人。一人是名叫白玉堂的店仆，另一人是名叫方喜的厨夫。

小白二十五六岁，是个干净利落的伙计。他能说会道，又聪明伶俐，很快便和我们相熟了。

让小白去买蜡烛，可他许久未归。我们所住的地方是石佛寺厢房中一间名为“东客殿”的屋子（摄图二十四）。在昏暗的屋中只是无所事事地稍处片刻，今日的体会和复杂的情绪便一拥而上，于心中久挥不散。身处异域的不安，与此间不可思议的寒冷也一同压迫周身。远处，驴马嘶鸣，犬吠不止。

寺僧给我们拿来了红色的蜡烛，立在木制的烛台之上。烛台的表面很不平整，蜡烛难以直立。其看似粗大，却也只能发出些微弱的光亮。

此时，小白拿来茶壶和开水，终于为这里带来几分生气。

在昏暗的屋子里，我反复地回味着今日午后所见到的各个石窟。内心既有顶礼膜拜的虔诚之情，也有捶胸顿足的愤怒之感。前者缘于古代艺术不朽之美带给我的震撼，后者却因如今诸多粗劣之修复带给我的反感。若您也是初到此处，所感受到的第一印象定会是这样。

如今，那令人恐惧的对文物胡乱修复的魔手，如同火灾和传染病一样，急速蔓延于世。看到云冈就对这点确信不疑。也许在不久的将来，我们将无从看到石佛的真实面目。

两三年前，我便对沙畹的书有所留意，只是一直没能得到。旅行之前，我在公使馆中将相关的书籍逐一抄略，一齐带到云冈。沙畹图集中那些令人惊叹的事物，如今却披上了和我预想中有很大差别的装束（重修时的灰浆、颜料等），这的确令我感到意外和吃惊。

中国人不珍惜文物的做法令人憎恶（有时愤怒之至，恨不能大声咆哮）。在龙门已有数百尊石像被削去佛首，此地又有如此不合规矩的修复。屈指可数的数座石窟内，如同喇嘛寺里拙劣的神像或曼陀罗画像那样，呈现出艳俗而又突兀的色彩。

在记述今天的见闻之前，想最先说明的就是这件事。如此一番牢骚，心里倒也舒畅很多。言归正传，从下文开始，我将按时间顺序将今日的经历详细地记录下来。

然而，美好的事物永远都是美好的，尽管有破坏污损，却仍不失其光彩。怪陋丑恶的重修痕迹中，潜藏着石窟创造者的想象、热情、趣味和精髓。这种感觉，就如同身在沟壑深处，却仍然能够望见冬日午后的暖阳一般。

今天的收获，是从战胜失望的第一印象而发现云冈所隐藏的真正价值开始的。如果轻率从事，仅仅因最初一两个小时的失望便打道回府的话，我们将永远不能从这伟大的艺术中受到任何熏陶。

（二）

下面来说说今天的经历。清晨的大同别有一番景致，就连客栈也是如此。此间客栈是一家新式旅馆，进入大门有一面砖砌的影壁，上面写着“东华栈”三个大字。而相邻的其他客栈则将书写店名的看板挂于店外，诸如“连升客栈”、“春元客栈”等。绕过影壁，是一处宽阔的院子，四周被砖瓦平房围绕起来。站在一处审视这里，就如同透视画法的摹本一般，像极了明治初年的市井风景画。几年前在安徽省徐州[①]时，我曾住在一家名为“文明客栈”的旅馆。房屋院落的构造大致如此，满天星斗之下，白色的墙壁泛着苍绿色，灯火透过玻璃窗呈现出阵阵昏黄。记得那时，心里泛起一丝游子之情，便将一块钱投给了在客栈里拉胡琴唱歌的两位艺人。我在院中一边散步、一边听着他们的唱曲，顿时倍感畅怀。虽然今早不见星月，但阴沉的天空恰好遮蔽了有碍我们内心平静的耀眼阳光。

庭院的深处有一扇门通向店主人居住的后屋。涂满绿色油漆的大门旁，星星点点有一些暗红色的小花，穿着蓝色衣服的少女从其间进进出出。越过屋顶，便可看到城墙的土壁矗立在不远处（此客栈位于北小城外），墙体那灰暗的赭石色将天际线勾勒了出来。

驴子和马车已在门外等候。木村、后藤两人骑驴而行，而我乘马车照看行李。同行的厨夫和店仆带着做饭的器具、食材乘坐另一辆马车。

在北京时，友人们常说山西的乡间没有什么危险（土匪之类），我对此并不怀疑。只是担心住在寺里不便，故而雇用了店仆和厨夫，随身携带了食材、食具、寝具等物品。另外关于钱的事情，我们约定每人每日只花费一元半。

此地的交通工具以驴为主，其次是马车。路上可以见到身着白衣的胖姑娘缠足骑驴而来。此外，也能看到一些马夫。些许田舍的气息，极富绘画效果，置身其中，我仿佛已离时代远去。

阴沉的天空下，巨大的城墙映入眼前，我下意识地用远近画法（透视画法）将它审视了一番。

---

①北洋政府初期，曾于全国短暂实行州县制，于安徽省置三州，其一名为徐州，所辖安徽省北部，治所为今安徽省凤阳县，与今江苏省徐州市为不同的两个地方。——译者注

第一座城门为玄东门，然后是北门。北门之上建有楼阁，其上悬挂着“云中锁钥”的匾额。外城的玄东门至内城的北门间有一条不足千米的道路，站立远眺，的确是不错的景致。在阴沉的天空、土城墙和远处黄土崖之间是一顷旱田，田中尚未收割的高粱泛着明黄色，风吹过时秋天的声音沙沙作响。

我们离开客栈时刚过 8 点。一入北门，繁错而又略带质朴气息的大同城便呈现在眼前，行人都面带和善，拴马的石狮与北京的也不相同，别有一番雅趣。

我比其他人迟一些进入北门，因此被巡警要求出示名片。入城后，开始采购各种物品，诸如制作拓本用的毛刷、盆子、天竺木棉（厚棉布）、纯白纺绸的布料等。买到的这些物品都是日本产的。然而纸窗毛刷（做拓片的工具）却怎么都没能找到。这不禁使我产生疑问：中国人究竟是用什么来铺平纸窗的?

道旁的地摊上摆满了红薯、萝卜、辣椒、白菜以及硕大的茄子。进入山西后，就觉得这里的西瓜很是特别，直径十六七厘米的黑皮瓜随处可见。在一家店里，还见到了切成锯齿状的慈姑，这与日本料理中的做法很像。

由于我购物进度缓慢，骑驴的同伴早已走得不见踪影。实在是太失策了。

购物结束后，马夫又驱车返回北门。

“为什么折返呢？怎么不朝那个方向走？”

他没理解我的问题，而他的方言我也大半不解。

若去云冈是从这个方向走的话，那骑驴的同伴怎么办呢？难道骑驴可以从城内上路？我也只好这样理解了，无奈此地的方言竟如此难懂。

心中怀着不安，我们已由北门出发行至郊外。若土匪奔着我们的行李物品而来该如何是好？虽杞人忧天，但这种情绪在心里却怎么都挥之不去。

郊外倒是一片令人神清气爽的景致。花岗岩风化而成的丘陵表面，附着些许绿草，通体的黄褐绿色给人一种柔软的感觉。其间，仅有一些地方生长着一丈多高的白杨树，它们看上去健壮又富有生机。道路两旁有许多坟墓，坟前立着一块块墓碑。这时，载着食物厨具的马车赶了上来，车上的小白也一直在担心着走散的同伴。

“穿过城内不能去云冈吗？”

“过不去。”

“没有马夫跟着他们吗？”

“没跟的呀。”

此时我才知道，走散的两人身边并没有向导。

走过两三个村子后已是正午，我们便在小站村[1]稍作休息。旱田里西瓜随处可见，恰好有人在此贩卖。这瓜瓤肉鲜红，用勺子挖着吃简直是意想不到的美味。价钱的话两三个铜板一个。

就像朝鲜人吃香瓜那样，我想这里的人或许也会以西瓜来代替午饭。

由此向前，一路上尽是好风景。我们沿着武州川[2]西行，可以看到，河床的岩石有粗硬的古花岗岩、角石片岩以及片麻岩，其颜色或黝黑、或青蓝、或葡萄紫、或鲜红。以中国画的角度来看，岩石的纹路也是多样的，用折带皴法、乱柴乱麻法、云林石法都能够将它们细细描绘。

小瀑布中湍流的河水，可用《芥子园画谱》中的所谓乱麻石法来描画。而蔷薇红的岩石间流动的河水，则用我们平时熟知的彩色法描绘即可。

道路一旁是观音堂。在它的前面，矗立着一座巨大的龙壁，龙壁的表面由大块琉璃陶片装饰而成。此庙的正下方是一条行路的隧道。这样的建筑法式也只有在中国才能见到，的确有一种别样的美感。

坚硬的岩石之上，蒺藜、紫菀、雉筵、桦萩、苦菜、风露草、紫云英、百脉根之类的植物生长在零落的小花之间。另外，也能看见白茅、狗尾草、紫狗尾草等禾本植物。此地的气候如此寒冷，植物甚是贫乏，即便发育也极不成熟。发育良好的只有杨树，以及这边称为米儿蒿子的蓬蒿和枸杞之类的植物。

两个说着英语的西洋人从我们身边擦肩而过。不一会儿，一个骑马的中国人从身后赶来，叫停了我们。记得他刚刚迎面而过，怎么又突然折返回来呢？原来我的同伴正在后方六七里处，正是他们拜托这个少年传话给我，让我暂且停车等待。此时，我方才知道同伴的消息。于是，我们便在青磁窑这个地方稍作停留，一边吃着西瓜，一边等待他们。

事后才知道，他们二人所骑的驴不听使唤，在城中欢快地跑着，想停却怎么

①今大同市南郊区马军营乡辖村。——译者注

②今称十里河。——译者注

也停不下来。后来，后藤用其仅会的一点汉语问路的时候，还引来了周围一大群人的嗤笑。

再行十里地就能到达云冈了。武州山已显露其真容，进而向西远眺，山腹之中的许多洞穴也呈现在眼前。与此同时，我看到了着色不同的两幢建筑物的屋顶。此时，我们虽骑驴乘车，却已迫不及待地，甚至不顾一切地驱使它们涉水渡河。初次见到龙门石窟的时候也是如此，虽不见全貌，但这种“犹抱琵琶半遮面”的感觉最为特别。

驴马、羊群不时地出现，又是一番景致。

（三）

石佛寺身处在这充满情趣的风景之中，如素烧陶色的高崖横亘东西，其南面有无数被开凿的洞穴。我们一边行进、一边眺望，目光即被一洞窟中的高塔所吸引，其入口拱顶处的雕刻已令我倍受震惊。毫不夸张地说，此刻我的心情，或许同昔日玄奘路遇西域古国遗迹时的心情有相似之处。

山崖约有六七百步长，其南面几乎都是垂直的断崖。另外，此处以石佛寺的建筑物为中心，两边分别并列着沙畹所言的第一、第二等窟（今第 5、6 窟），以及东方诸窟（今第 1 至 4 窟）。直至最西端，山脉则骤然转向南方（摄图二十一）。

曾经在看沙畹和大村图集中此石佛古寺的正面图时，我虽对这里充满想象，却始终不得要领。在他们的照片中，此处有山门、有影壁、有长旗杆。如今来到这里，感觉少了些许新奇，眼前所呈现的，坐落于闲静村落一隅的精致，完全与我的印象相吻合（摄图二十二、二十三）。

马车避行石佛古寺大门，从其侧门而入。寺院的一侧有马棚，于是我们将驴马停在那里，之后由马夫把行李搬入寺中。

古寺由两座相接的四层楼阁构成，两者之间彼此相通。这便是沙畹所谓的第一窟、第二窟（今第 5、6 窟）的窟前建筑（摄图七、二十四及二十五）。

不管怎样，我们还是迫不及待地跑进洞窟之中。

然而，这第一印象颇使我情绪不定、焦躁不安，顿生失望之感。

“几年来，梦寐以求的云冈难道就是这样？”

眼前的雕刻，如同乡村祭祀花车的围栏上简陋的木雕。上面，涂着崭新而艳俗的红绿色彩。

但当我细细观察时，心中的失望逐渐消散了。

这些看似丑陋的外观之下所隐藏的面目渐渐显露出来。恰好夏日的阳光射入洞中，双眼慢慢适应了这里的环境，而蒙眬的内部景象也逐渐明朗可见。

午餐后，我们由山崖西面登顶，而后东行，终于来到了那极负盛名且令人惊叹的露天大佛前（摄图一至三）。

后藤先生因为今天就要返回大同，所以 5 点左右，我们一度回到寺里，为他送别。

之后，我与木村从沙畹所言的第四窟佛籁洞（今第 8 窟）开始，游览了西面的 6 个洞窟（摄图六至八）。

第五窟（今第 9 窟）以下如同第一、二窟（今第 5、6 窟）一样，均经历过拙劣的重修，特别是民国九年（1920）重修的第五窟（今第 9 窟）最为显著。此处竟然还立着重修碑，简直有耻辱的意味。

但是，几乎没有重修之迹的第四窟（今第 8 窟）拱顶，以及内部较为完整的立像，确实是超越我们想象的伟大的艺术品。我觉得，即便仅为此一窟从北京历尽辛苦而来都是值得的。

从大多数重修碑（咸丰、同治、光绪年间所立）得知，这些工程都是从清朝以后才开始进行的。

只有第九窟（今第 13 窟）里，没有重修碑，而是在壁上散刻着“大清光绪二十年重修，揽画工人，天镇县马师傅，孟秋之月谷旦敬”的字样，还附有序。

沙畹所谓的第九窟和第十窟（今第 13、14 窟）被山体所隔断，形成一段平缓的倾斜坡。此地至第九窟（今第 13 窟）为止，被高土墙围起。围墙之内的平地上有数种禾本植物：艾蒿、芥菜、金菜花、胡枝子、龙葵、石松、藜、紫菀之类的杂草，以及生长茂盛的枸杞。一旁还放养着四五匹白马，它们闯入石窟里，在有着 1500 年历史的古佛前，用马粪来作供品。

第十窟（今第 14 窟）以西被民家的墙壁所围起，我们不敢擅自进入，因而没有靠近那里。从第九窟（今第 13 窟）的断崖处起，约行 40 步走过斜坡，便到达第十窟（今第 14 窟）。这就是沙畹所称的西方石窟群。他们或成为民家的后壁，或是厨房，或是粮仓，或是碾房。这些石窟群的佛像虽然损毁严重，却避免了拙劣的重修。其中在一些完整的佛像上混杂着闪烁的金刚石，我们顿时感到兴奋起来。由此，我才体会到为何要来云冈（摄图七十七）。

西方诸窟全长百余步，面向南方；虽有曲折，但几乎在一条直线上。

夜已深，没有太多时间去把一点一滴都记录下来。像第十窟（今第 14 窟）那样，在蒿草堆积的地面上，矗立着一根边长 2 尺的四方石柱，其上刻着仅有围棋盘 1 目大小的佛像。另外，在它的西方有 3 座宏伟壮观的石窟，每一窟中都有巨大的 3 尊佛雕像。露天大佛以西，石窟数量逐渐减少，但仍有无数精美的雕塑分布其中。关于这些石窟，若均以沙畹的编号对号入座的话相当困难，因而今日还不能将石窟的实际情况同他书中的记述进行充分比较。

就在我们细心观察的时候，有三四条猛犬跑了过来，咫尺之间狂吠不止。远处虽有人在制止，但它们并未安静下来。如今在我看来，这样的恶犬的确是最难对付的强敌，意识慌乱之际，心里不由得在想日后该如何防范它们。

就在我警惕地观察附近地形的时候，秋天的薄暮已出现在眼前。之后，我们从山的南端攀登而上，发现在山顶处立着一面很高的土城墙，而关于它的用途却不得而知。此间黄色的土壤里，种着土豆和小米。

与此山相对，在远处的南方，有一座平行走势的山脉，两山之间的平地便是武州川流域。河流的北侧，收割后剩下的高粱秆堆积在菜地上，形成了黄绿色的条带状。杨树、村落、楼阁、寺庙散布此间。1500 年前的石窟，留下了时光无情流转的痕迹，在那如梦一般美丽的古代文化的光辉即将消失之时，这里的农民仍依山而作、面壁而息。此情景如同幻想，又令人不觉心痛怜惜。

对面的山顶，可依稀看见绿色。田野间已几乎见不到收割高粱的人。

这里真是平和又闲静的地方。若只为体味风景而来到此地，同样也是值得的。

我们回到厢房之时,室内已一片漆黑。堂屋一角,小白正躺在长方桌上打盹儿。他见我们回来，便去买蜡烛，我们只好在这昏暗的屋中等待。

回想起来,最初产生的激烈而又愤怒的感情,正是因为见到了那些不堪入目、亵渎艺术的重修。当我们发现原物那令人惊叹的价值时，这样的感情便更加强烈了。

九月十二日，石佛寺

（一）

今天的工作像是寻宝一样，一整天不知不觉便过去了。

昨夜雨至，今日仍未停歇。难得的是我们已经适应了这里的居住环境，那些臭虫的袭击也使我们不再恐惧。虽有些许湿冷，但这寂静荒村的雨景却是别有情趣。

拍摄完第二窟（今第 6 窟）中前壁及东壁所雕刻的释迦传记时已是午后 1 点半了。2 点半吃过午饭后，我们便着手开始对此窟进行研究。

当然了，按顺序我应该先记录关于第一窟（今第 5 窟）的事情。总而言之，云冈 20 余座规模较大的石窟中，第二窟（今第 6 窟）是最重要的，其研究材料也最为丰富。与此相比，第一窟的研究工作则相对轻松。

【第一窟（今第 5 窟）】关于洞窟前的寺阁（窟檐建筑），日后再予以归纳叙述。粗略来看，此窟的入口处有 10 米宽，之后是进深约 4 米的前室。在走过一段相对狭窄的地段后，便进入更为宽广的后室（图一）。

前后室之间的墙壁，其高度和长度均在 2 米以上，所形成的拱顶表面也布满了雕刻。

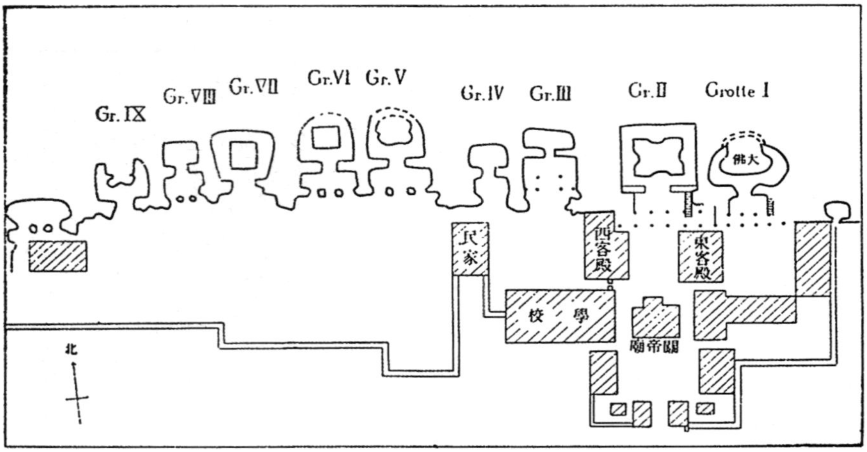

图一　平面图

此外，洞窟入口处有4根两两之间相隔2米的木柱。窟前2米处的寺阁入口则有6根这样的柱子。

窟檐建筑是一座四层楼阁，其外形如照片（摄图二十四）所示。

在第一窟（今第5窟）的前室中，有顺治、康熙以及咸丰年间所立的重修碑。顺治年间的碑上刻有“大清顺治八年（1651）岁次辛卯孟夏”的字样。康熙碑上刻着“飞龙康熙，岁次戊寅，菊月谷旦。监修官：大同府知府、加三级叶九思”，其中还能看到“皇上行幸云冈寺已蒙御书匾额”的字迹。御书匾额悬挂于第二窟。

由这些碑刻以及第二窟（今第6窟）中的重修碑可知，此石窟寺及石窟门上的雕刻已经屡次进行过补修着色。然而第一、二窟（今第5、6窟）的修复补色距今已远，色彩已显古朴，因而不像第五窟（今第9窟）等窟那样丑陋拙劣。

本来着色并不是件坏事，在宽阔的壁面上有无数佛像雕刻，若不施以颜色，其轮廓则很难区分。我想在最初创作之时，无论如何都是有色彩的。如今所不能接受的只是修复手段的平庸和着色的拙劣而已。

此窟的损毁程度相当严重。对于年久风蚀我们无能为力，但因后世那些低劣的修复而造成的损害却令人无法忍受。

前后室之间壁面上的雕刻构图十分精彩。拱顶部分刻有4组飞天，左右两侧的隅撑部分皆有珊瑚珠样式的大树，树的两侧各坐有一尊菩萨。其下部的浮雕是身形巨大的执金刚。

图二　第一窟（今第5窟）壁面塔形雕刻

图三　手捧博山炉的菩萨

至于这尊执金刚造像，已被重修所破坏，如今只能通过残留下的轮廓对原作进行想象。

后室中有一座巨大的佛像，台座的进深就有七八米之长。然而因不堪入目的重修，佛像脸部不知何时粘着的金纸像风筝一样缓缓垂下。

大佛前方，坛上放着六七尊近代新作的技艺拙劣的塑像。

洞窟内部的墙壁上，刻满了塔、龛、佛像群（摄图二十六）。下面，我想介绍其中两件雕刻。

在南壁的东西两隅，刻有白象背驮的七重塔（图二）。塔的样式是古代风格，其塔顶相轮完全袭用古印度风格。塔体呈伞形，同喀布尔的小窣堵波相似。而关于设有仿木造建筑的方形五层塔的起源我并不熟知。

另外，南壁上的立像人物中也有十分精美的作品。写生画中，右手捧着博山炉站立的菩萨就是其中一例。菩萨的右手恰在后室入口的拱顶之上，这种构造极其和谐。只是因我们的失误，没有在写生画中将这一点表现出来（图三）。

另一尊是后室入口内侧，拱顶东侧的女性佛像（比真人要高出许多）。尽管已损毁严重，但是至今那庄严而又美丽的容颜仍清晰可见。这两例人物像除了色彩之外，其面部并没有被后世所修复（图四）。

登上楼阁的第三层后，便能够观察到窟壁上部。连接楼阁和石窟的部分，其左右及南面石壁上共雕刻着 10 层 15 行小佛像。整体而言，装饰效果极其精妙。至于每一尊佛的细部特征，在此就不必详加叙述了。

第二层的壁面上，全都是近些年所绘制的图画，因此省略不记。关于第四层，也了无谈资。然而，当我站在最高层时，远处的丘陵及近处的低洼之地尽收眼底。这样的风景足以成为我永远的记忆。

从第一窟（今第 5 窟）的第三层便可直通至第二窟的第三层。同时，从此处还能够攀登至断崖之上的望楼。

图四　第一窟（今第 5 窟）的佛像

图五　第十七窟（今第 19 窟东耳洞）的佛像

（二）

【第二窟（今第 6 窟）】此石窟第四层没有什么可值得记录的，可是第三层中却有令人惊叹之物。与第一窟（今第 5 窟）的第三层相同，将洞窟前室与后室隔开的墙壁恰好在此形成拱券，在其下部相对的壁面上，各有一尊半跏佛像，他们都曾出现在沙畹的图集之中。

西壁处，有一尊菩萨像，其右腿下垂，左腿弯曲搭在右膝之上，左肘置于左膝，左手手掌张开举于左肩，右手轻抚于左腿腓骨处。左膝之下，有马屈膝下跪。这尊菩萨居于佛龛之中，佛龛顶部悬挂着与六朝时代墓葬壁面所画同样的帷幕，幕被纽带挽起。由冠至足，高约 1.45 米左右（摄图三十三）。

此雕刻表面涂有褐、绿、朱、黄、群青等颜色，狂野的色彩技法虽令我有些不快，但并非无法接受。如此出色精美的构图，令我们顿时感动不已。其姿态同京城李氏王家博物馆、法隆寺中宫等如意轮观音相同。东壁上，恰有一尊菩萨与此相互对应，造型则左右相反。特别是东壁造像右指弯曲的形态，与上述两地如意轮观音像毫无差异。由此可以认为，它作为后世此类造像之原型的价值所在。

然而，西壁的菩萨像不论其构造如何和谐、其刻工如何精湛，那浓褐色的容颜始终令我感到不适。毋庸置疑，这一定是后世重修的劣迹。

因此，为了满足自己的一厢情愿，我决定试着将后世重修的部分破坏掉。

雨天的荒村鲜有人迹，寂静异常。我姑且拿出小刀，内心忐忑地试着将菩萨面部那一层涂着褐色颜料的外皮剥掉。此处的着色是在岩石的胎面之上贴上纸，而后涂以油性颜料，因此当颜色逐渐剥落，坚硬的砂岩表面便显露出来（图七）。

如同笔下所写的，我始终害怕自己会成为一个破坏者，颜料之下的原物愈是显露，我的内心愈是紧张，完全异常地紧张。剥离工作还未进行到一半，当仅仅是雕像的右眼睑露出的时候，我便已经被那慈爱而又美丽的形象所震惊了。

此时，我心中已无疑虑。没有了良心上的谴责，就算被寺中之人发现我也不再畏惧。1 小时后，其面部以及那颇为动人的颈项全部呈现了出来。特别是嘴唇，美丽无以名状。与我们印象中的六朝佛像相比，其唇部与嘴角的造型完全不同。

两嘴角间的距离，并不宽于鼻翼。其微微上扬，形成深深的梨涡，有种说不出的温柔蕴含其中。人中则雕刻呈直线，甚是醒目。下唇与颐部之间有一处拇指大小的浅沟印记，直至腭部下端（众多北魏佛像中都有此沟，但并不一定必须为

图六　第二窟（今第 6 窟）佛像

图七　第二窟（今第 6 窟）明窗菩萨像

之。中间无此沟者，则是一条横向的皱纹，呈现为二重颐状）。推古佛像、六朝佛像概以细长著称，但此佛像的颜面却非如此，可以说是圆润丰腴。其眼部很特别，重修后的眼眶裂幅很大，而原雕刻的眼眶却如同闭着眼睛一般细长，且有微微向下的弧度。上下眼睑恰到好处地略微隆起。眉毛细长，呈圆弧形。而且在所有宗教式的微笑中（如我曾经评价奈良博物馆中佛像时所说的那样，这是一种沉思与微笑的结合），比起沉思，那温柔的笑容更加迷人（这种形象无疑对后世唐代佛像的容貌产生了深刻的影响）。

关于发型和冠形，已绘于图中，不再赘述。此处的佛冠向上隆起，其形宛如初月（这是此地佛像常见的造型）。

耳垂至肩，头发亦垂肩。

面部颜料被剥离后的佛像，从整体来看，的确是在我预期之上的杰作。我最初是因一时不快而消极地将面部颜料剥去，只为满足一厢情愿而已，但最终出现在眼前的却是出乎意料的精美艺术品。我希望能够通过自己的努力，还原佛像的真实面目，以便如实地将其描绘在我的写生图中。

我就这样一边写着日记，一边时不时停下笔，抽着喜欢的香烟。啊，真想让大家亲自去云冈领略一番。此刻我仿佛能体会到詹姆斯·弗格森、沙畹等学者内心的感动。

我听到有脚步声传来，便急忙将小刀藏起，并收拾好散落在地上的纸片。原来是木村，他在下面同样将五六尊立像的脸部泥塑剥去（那些附着于佛像脸部的泥塑厚且大，如树皮一样，很容易剥落，如摄图三十二）。接着，我用三脚架去敲打此菩萨上肢前腕异常隆起的部分，那里猝然脱落。这处因后世重修时使用灰浆而膨胀。另外，此像手部姿态或许应该如与其相对应的东壁菩萨那样，手指略微内屈，而不该是如今重修后的样子（摄图三十四）。

图八　第二窟（今第 6 窟）中央塔下部胁侍立像

当这些附着之物脱落时，菩萨的神采便完全显现出来。不论是小腿部衣纹的锥刻，还是身前跪马的刀工，都甚是简洁而又雄劲典雅。

我的破坏，为菩萨带来了重生。伊东、塚本、关野博士所未能目睹的，沙畹所不曾知晓的，那些被隐藏的真正价值竟然被我们所发现，这是何其得意的事情。

日已西沉，我们登上四层，欣赏着尚且还能辨识的佛像，直到暮色渐浓，便返回东客殿。拂去身上的尘埃，洗干净脸，而后一边煮着咖啡、一边等待厨夫为我们端来面和菜。

云冈天气寒冷，出乎我的意料（忘记带温度计，所以不知道准确的温度，大概是摄氏 10 度左右吧）。没办法，只能穿上外套，系紧皮带，并且用皮革将腿绑上。这几乎是我外出工作时的装束。白色的木棉手套，平日里用来捆绑铜钱，今日却因为大量的工作，使得指尖处全都磨出洞来。

昨日以来，我就将冬天的衬衣和夏天的衣服穿在一起，里外三层。今夜又是出奇的冷，吃过饭后，我将两层毛毯披在身上，像极了日本过去的拉车夫。为了行动方便，我又系上了腰带。

夜晚，在写日记之余，读松本博士的《中国佛教遗物》。这本书常常成为我们两人之间谈论的话题。

夜过 9 时，我们点上蜡烛，出门去拍摄之前那尊被剥去泥塑、摘掉手腕的佛像。另外，我们还要将与其相对的东壁上的佛像拍摄下来，为明天的工作做准备。

在寂静而昏暗的楼上，我们燃起镁光灯。那声音极大，引得下面的村民阵阵责骂。

现在已过 11 点了。我们点着煤油灯，喝着茶，抽着从奉天带来、一路上小心保管的骆驼牌香烟，一边写着日记、一边闲谈。我们既愉快而又满足。今夜这样的心情，不论多少年之后回想起来都将使人感到快乐。

房间的一角，小白已经酣然入睡。窗外细雨，风不时吹得窗纸沙沙作响。有时，还可以清晰地听见屋顶风铃的响声。

摄图二十二　石佛寺及五大窟外观

摄图二十三　石佛寺前景

摄图二十四　石佛寺东堂及中堂

摄图二十五　第一窟（今第 5 窟）东方小窟外观

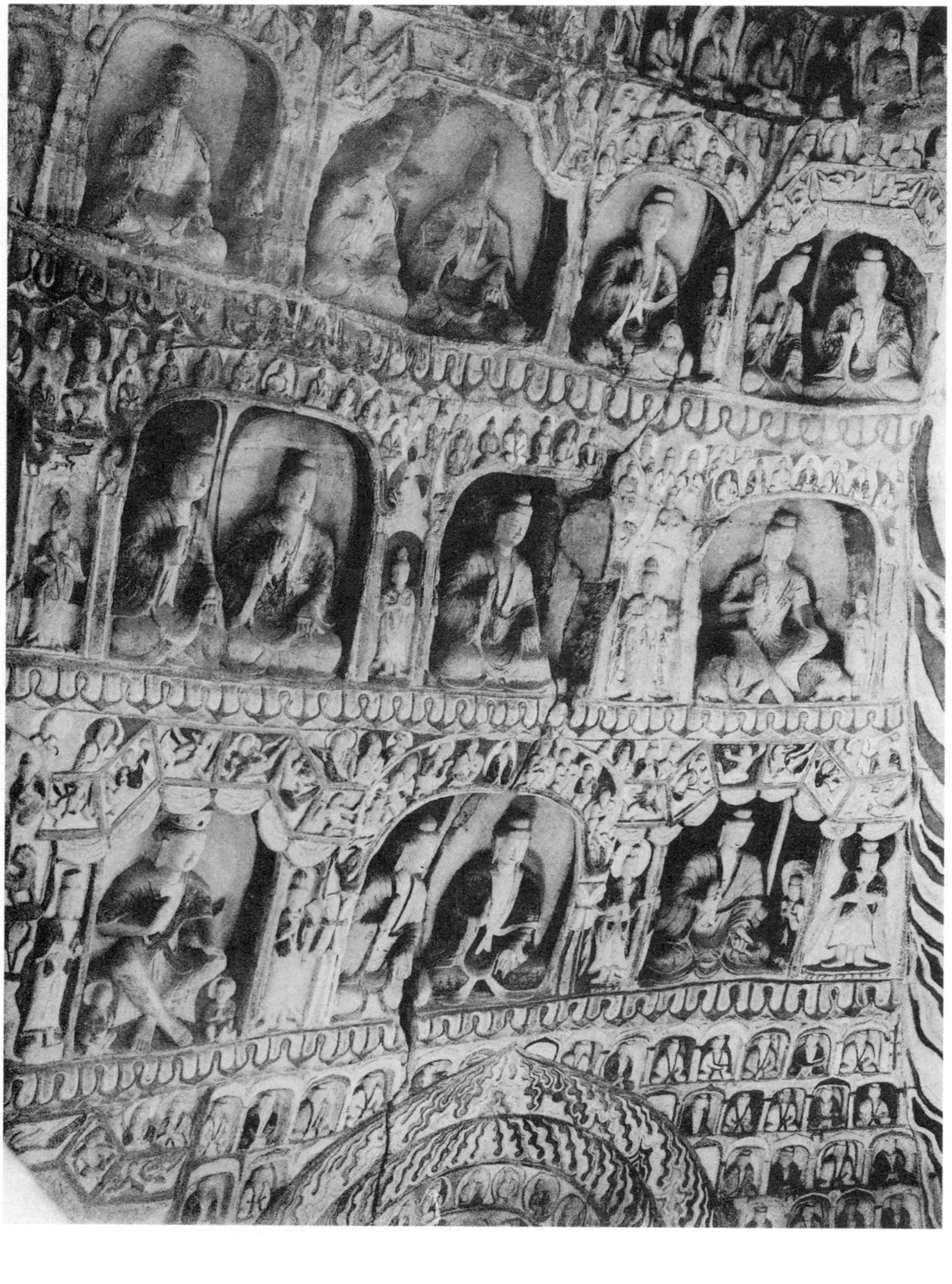

摄图二十六　第一窟（今第 5 窟）西壁上部诸龛

摄图二十七　第二窟（今第6窟）中央上部南方大佛

摄图二十八　第二窟（今第 6 窟）内室东壁上部

摄图二十九　第二窟（今第 6 窟）内室中央佛柱东方本尊

摄图三十　第二窟（今第 6 窟）内室东胁诸像及其上段

摄图三十一　第二窟（今第 6 窟）内室中央大佛柱南方本尊西侧诸佛

摄图三十二　第二窟（今第 6 窟）内室中央大佛柱南方本尊西侧诸佛首泥塑

摄图三十三　第二窟（今第 6 窟）第三层菩萨像泥塑剥离前

摄图三十四　第二窟（今第 6 窟）第三层菩萨像泥塑剥离后

摄图三十五　第二窟（今第6窟）东南壁下部

摄图三十六　第二窟（今第 6 窟）内室东壁中部塔

摄图三十七　第二窟（今第 6 窟）北方二体佛

九月十三日

（一）

【第二窟（今第 6 窟）续】我们花了一整天时间，对第二窟第三层石窟拱顶拱腹部东壁的佛像进行表面剥离和写生工作。这尊佛像即与昨日所记述的菩萨像东西对应。当将后世修复的痕迹完全清除之后，东壁佛像也露出了与西壁佛像足以媲美的面容（图九）。

此像与昨日的菩萨恰好相对而坐，且构造完全对称。其左腿下垂，右腿屈膝，右足置于左膝之上，左手轻抚于右腿腓肠，右肘立于右膝，右手食指轻触脸颊。弯曲的右腿之下留有空间，或许最初这里刻有马之类的动物。

图九　第二窟（今第 6 窟）第三层去除修补后的菩萨像（东面）

双眼半瞑，上下眼睑恰到好处地微微隆起。但是与西壁佛像给人以闭目沉思的印象不同，东壁佛像却似乎在眺望着前方，而且面含温和的微笑。其嘴唇上扬，嘴角深陷梨涡，有种说不出的亲切之感。

右手掌心向外，食指伸长，拇指同其他三指如握物般内屈。手指的造型也亲切和蔼，但似乎不及中宫寺和李氏王家博物馆中的观音那样纤细。这大概是因为石质原料的缘故吧。

颐部呈二重状，正中刻有直纹的颈部丰满又看似柔软，两手前腕也是如此，就如同乡间健康的少女一般。其发型，类似于奈良文答师所作的沙竭罗龙王，或与法华寺中保存的贞观时代的木雕佛头完全相同，即粗绳一样的形状。宝冠、衣裳与窟壁菩萨像同样。

仅剥去面部贴纸就用去 2 个小时，这期间住持、村民、巡警等人不时前来，一定程度上妨碍了我们的工作。

不得已，我们花钱也好，欺骗也好，总算将他们散去。当对他们说，佛像的修缮工作做得不好，应该让石刻表面显露出来时，尽管他们不知其然，却也能够表现出对我们的理解。然而，这里只有一人与我们交往甚恶，他叫赵景云，是山西陆军将校研究所的毕业生，戴着晋北镇守使调查员的肩章，大概是云冈石窟的监督者。他不时地在此巡视，看到我们的所作所为尽管保持沉默，但脸上却是厌恶的表情。

不论我们的行为正确与否，他在履行职责也无可非议。只是最终我们彼此间也未能友善起来。

时至午后，天空终于放晴了。

我们今日初次登上第三层连接的中央塔，仔细地观察石窟的四壁，不禁发出由衷的赞叹。

然而在叙述之前，有必要先介绍一下此洞窟的构造。

本窟的平面图大致是正方形（参照平面图）。东西宽约 10 米，窟前建有进深 2.3 米的四层楼阁（摄图七和二十四），由前方 4 根、后方 6 根圆柱所支撑。其西侧有宽 1 米的楼梯。穿过楼阁，之后是进深为 6.45 米的洞窟前室。前后室之间，有 1 米多宽的隔墙，入口较前室狭窄，约有 3.1 米。此隔墙在楼阁三层的天井处形成拱顶，之前记述的菩萨像就在其下方拱腹部的位置。

后室东西长为 13.5 米、南北约 15 米，后部距窟壁 2 米处设有高坛。洞窟的高度疏于测量。距四周墙壁 3 米的中心处开凿出塔形石柱，其高度直通天井。具体而言，中央四角塔正面宽约 7.6 米、东侧宽约 6.8 米。塔柱四方的台座高及人的胸部之上雕有佛龛，龛内分别立有较大的佛像和较小的胁侍。另外，塔柱的第二层恰与楼阁第三层高度相当，其四角分别以九重塔作为立柱，四面开凿，于中央形成一座小型的四角塔。

图十　第二窟（今第 6 窟）中央塔上部胁侍

四角塔的每一面分别伫立着拥有舟形背光的大佛像（摄图二十七）。

这些大佛，因后世的重修而不得见其原貌，如今看来，已非佳作。然而，在 4 座九重塔内侧两方的胁侍佛像却有可称道之处，其容貌圆润，惹人怜爱。衣帛于腹部处交叉呈“X”形，别有特点。

其中一例如图十所示。

关于这些佛像的细节，日后再详尽叙述。在此，我想先谈谈此洞窟东西两壁的雕刻。

首先是东壁。与楼阁第三层（中央塔柱第二层）相对的一段高约 4 米的壁面上（窟壁基底高度与第三层地板高度相当），立有 3 尊巨大的释迦像（摄图二十八）。这些立像，除上部天盖之外，均深雕于壁面之内。其背光俨然就是佛龛的内饰。每尊佛像右手举起如说法时，左手张开于腹前。这大概就是释迦说法像。二重状发型呈供饼一样的形状，毛发的形状雕刻呈波纹形。

两侧胁侍像高度为大佛的一半，背光如桃核形。其造型虽不及大佛出色，却也有精美之处。

本来此壁面也经历过后世（清朝）的重修，然而经年累月，色彩已古朴和谐。说是重修，不过在其表面涂上粉后着色而已，并没有覆盖厚重的黏土。因此，佛像的轮廓仍很好地呈现出其原型，没有令我们产生一丝反感。

每尊大佛之间有近 1.5 米的间隔。佛像的背光形成佛龛，内雕于壁中，相间之处形成柱形，向外凸出且略有弧度。正因如此，两侧侍像才能够面朝大佛而立。每两尊大佛间的侍像皆相背而立，其间空隙处刻满体型相对较小的僧人形象。

这一层壁面上，雕刻有三龛四柱，整体来看，呈现出起伏有致的波浪形。

那么大佛与大佛之间，除了胁侍像和僧人之外，还有何物呢？当然有令人惊叹之物。

图十一　第二窟（今第 6 窟）天井处人物

在此，我仅对东壁后方第二处壁柱（前述壁面凸出如柱形的部分）进行介绍。其上，30余尊小佛（天人、比丘）或合掌、或执乐器、或礼拜、或念佛、或奏乐。浮雕深刻，阴影很重，如同塞尚所画的静物一般，将其主要部分表现出来，给人以强烈的视觉立体感。乐器有笛、箫、筚篥、笙、鼓、琵琶、箜篌等。

这壮观的佛教赞礼般的庄严合唱，其意境、其构图、其雕工都无与伦比。

此壁面在云冈无数石窟中，或许称得上是首屈一指的精品。其色彩是后世所作，以红色为主、绿色为辅，其间夹杂少许黑色和褐色。颜料陈旧古艳，且红绿两色颇有悠远的意味，涂于此雕刻之上最是和谐。

由南方射来的微弱阳光照射在此壁面上，使之空气感[①]强烈，阴影深重。同时，也赋予了这宗教艺术的世界愈加虚幻缥缈的魅力。

合唱团小佛的面部，均呈现出美丽的表情，看上去虔诚崇敬、慈悲平和。

其他壁柱同此柱的布局形态大致相同。

看着这壁面，作为旁观者的我们不知不觉进入了那不可思议的宗教世界，耳根顿时清净，人也早已逍遥在众佛演奏的庄严寂静的音乐中。

在高度相当的西壁处雕刻着大致相同的内容，但我们更偏爱东壁。

东西两壁，此一层壁面之上刻有两层小佛龛，两层之间被带状的图案（龙门石窟中常见）所分割（参照摄图二十八）。再往上便是天井。

天井呈格状，四方格中雕刻着人物像。其中，我们发现了唯一一尊犍陀罗艺术风格的造像（图十一）。具有此面部形态的造像，在云冈石佛寺中仅此一处。

①空气远近法（sfumato）是一种绘画方式，通过蒙胧、渲染的手段以呈现物体的轮廓和远近关系。——译者注

云冈日记中

九月十三日

（二）

【第二窟（今第 6 窟）续】傍晚时分，我们离开楼阁三层（第二层无特别之物），来到石窟底部。

洞窟中央塔柱的四面开凿为佛龛，其中各坐有一尊巨大的佛像。这些佛像乏善可陈，但其脚边并立的菩萨立像却是令人喜爱的艺术品。

这些佛像皆比人高，以排在首位的那尊为最。塔柱后面及东西两面的佛像或已损毁或被重修，尽管如此，当微弱的光线射入，我们仍能够从其轮廓而感知到她原有的形态。这种感觉很不错。塔柱前面的群像因受阳光直射，其形态显现无余。下面就对此详尽叙述。

在中央大佛的两侧，并列伫立着 2 尊佛像。其前侧方拐角处还立有 1 尊，另外在壁面的拐角处也有 2 尊，即在大佛两侧分别立有 5 尊佛像（摄图三十、三十一）。木村早已将其中 5 尊的泥塑剥去（佛像面部的泥塑），如摄图三十二所示。一眼望去，无论如何都能体会到原物被胡乱重修的无奈之情。

在这些立像中，我仅将 2 尊画了写生图。其中之一是正面大佛左侧第三尊（图八）。

这尊高挑的菩萨有着圆润丰腴的面庞与身形，宛如纯洁的少女一般。菩萨微微面向左方，双手于胸前合十，腰部向右扭转，如跳舞般轻盈地微屈左膝。其形态所展现出的诱人之处在其他佛像身上也能看到。菩萨的腰部曲线与唐代的胁侍像有很大不同（唐式典型，如奈良博物馆藏法隆寺梵天立像）。从姿态、表情看来，这或许是云冈所有佛像中最为可爱的一座。

另外一尊是大佛右侧的众胁侍之一，也同样如身材高挑的少女一般，相比尊敬之情，这尊胁侍似乎更能勾起人们的爱慕之意。丰满的右手置于胸前，左手放在腰间。如沙畹在一些佛像上注意到的那样，胁侍的头部插有羽翼，像希腊神话中的墨丘利。其服装是北魏佛像所特有的，上衣在腹部呈“X”形交叉状（摄图三十、右数第四尊佛像）。

看着这些洞窟中的佛像，我仿佛置身于女生学校的宿舍一般。

在群像的上方另有许多佛像和纹样，布满整幅壁面，在此就不一一记述了。

接下来将介绍围绕着中央塔柱的四面窟壁。虽说是四壁，但后壁的佛坛，其数尊佛像已损毁严重，因此省略不记。东、西、南三壁是此窟的重中之重，其表面的雕刻极其繁杂，无法逐一予以记述。摄图三十五所拍摄下的正是第二窟（今第 6 窟）东南两壁相接直角的部分。其上方与前述释迦像和合奏团所在一层相邻接；其下方，即照片所示部分以下，至地面仍有一人高的距离。居中则是内有坐佛的佛龛、分布于四周具有装饰性的小型刻像，以及矗立在角落里的五重塔（摄图三十六、三十七）。另外，照片未拍摄到的壁面也是同样的主题。（追记：摄图三十八、三十九所呈现的是洞室北壁和东壁的一部分。照片是后来得到的，同样收录于书中。）

无论如何要详细叙述的，是至今还未言及的下部带状一层，即展现释迦牟尼生平的如画卷似的浮雕。

浮雕上部一层宽约四五十厘米，其上雕刻着不可思议的阿拉伯式纹饰。下部一层宽约 40 厘米，雕刻着格状纹饰。在中间宽约 1 米的高度上雕刻有数段故事。格状层下部，斗拱与人字拱交错并列。正如伊东博士所指出的，这些同日本法隆寺中的文物极为相似（摄图四十至四十九）。

关于释迦传浮雕的内容，东壁有 5 幅，入口西侧墙壁上有 4 幅。东侧墙壁的一两幅其图样尚且依稀可辨，而西侧墙壁上的却损毁严重，所表现的内容如今已无法辨识。

此释迦传浮雕的技艺令我们为之深深感动。人物或马匹皆以写实为美。整体构图，如汉代的画像石一般，并不矫揉造作。壁面雕刻深度 2 寸有余，浮雕跃然于上。留白的空间稍显开阔，这一点不同于画像石，并没有构图拥挤之感。我不知道该如何描述这种支配着整幅浮雕的厚重感。

特别是胎岩粗软的表面与它那古朴且泛黄的色彩恰能寄寓我的感情。

雕刻的表面处处施以红色，另外也有少许绿色。当微弱的阳光从入口处射向浮雕时，长影落在起伏之处，落在留白之间，其形态看上去更加虚幻缥缈。

关于此浮雕与犍陀罗艺术之间的深刻关系，强烈地激发起我们的兴趣。就这一点，我想日后再进行深入研究。

说到浮雕的内涵，沙畹是这样解释的。

一、少年悉达多弓技图。

二、后宫嬉戏图。

三、父子对话图。

四、邂逅老者图。

五、邂逅病者图。

六、邂逅死者图。

七、邂逅沙门图。

八、宫女睡眠图。

九、逾城出家图。

关于之后的几幅浮雕，沙畹并没有说明。然而第十幅我觉得应该是释迦修行图。剩下的浮雕皆破损严重，我们无法辨识，颇感遗憾。另外，在释迦(悉达多)弓技图之前，我想大概还会有一两幅画传吧。

〔今日誊写原稿之际，在此处作注。离开云冈后，我在汉口的水野鷗之助先生那里看到了 1 尺余长的北魏佛像照片与拓本。它们如今被日本某富豪所收藏。佛像无疑是北魏时代的作品。其背面图案分为上下两层，均雕刻有释迦传记的一部分。上层是乘象降诞图，下层是蓝毗尼园无忧树下，悉达多太子从摩耶夫人右腋处诞生图。正因如此，我才认为云冈石窟释迦传或许存在最初这两幅画传。大正十年（1921）三月记。〕

摄图三十八　第二窟（今第 6 窟）北壁佛龛上部装饰

摄图第三十九　第二窟（今第 6 窟）东壁上段

摄图四十　第二窟（今第 6 窟）东壁上 释迦传（其一） 悉达多弓技图

摄图四十一　第二窟（今第6窟）东壁上 释迦传（其二） 后宫嬉戏图

摄图四十二　第二窟（今第 6 窟）东壁上 释迦传（其三） 父子对话图

摄图四十三　第二窟（今第 6 窟）东壁上 释迦传（其四） 邂逅老者图

摄图四十四　第二窟（今第 6 窟）东壁上 释迦传（其五） 邂逅病者图

摄图四十五　第二窟（今第 6 窟）东壁上 释迦传（其六） 邂逅死者图

摄图四十六　第二窟（今第 6 窟）南壁上 释迦传（其七） 邂逅沙门图

摄图四十七　第二窟（今第6窟）南壁上 释迦传（其八） 宫女睡眠图

摄图四十八　第二窟（今第 6 窟）南壁上 释迦传（其九） 逾城出家图

摄图四十九　第二窟（今第 6 窟）南壁上 释迦传（其十） 入山苦行图（一）

摄图五十　第二窟（今第 6 窟）南壁上 释迦传（其十一） 入山苦行图（二）

摄图五十一　第三窟（今第 7 窟后室）上部西南隅上部

摄图五十二　第三窟（今第 7 窟后室）南壁下部门口西侧

摄图五十三　第三窟（今第 7 窟后室）南壁门口上部

九月十三日

（三）

【悉达多太子弓技图】右侧立着三座铁鼓，左侧三人并立作张弓状。空中飞天起舞，还有一只类似猿猴的动物攀援在一座铁鼓之上（图十二及摄图四十）（东方第一、二窟中也发现有同样的图案。）

图十二　第二窟（今第 6 窟）东壁下部佛传图之后宫嬉戏图、太子弓技图

【后宫嬉戏图】在这幅图中，作者将其想象力发挥到了极致。图中宫殿屋顶的鸱尾与我国唐招提寺金堂屋顶的鸱尾相同。悉达多太子坐在屋檐下，身边围绕着六名宫女。她们或双足缠绕，彼此相拥；或一人执酒强饮，一人仰身抗拒。这种强人饮酒的思想尽管在佛典中能够看到，但如此艺术性的表现，却不得不使我认为它的蓝本是希腊酒神祭。而且这种雕刻形式与犍陀罗艺术也十分接近（摄图

四十一）。

【父子对话图】此图在释迦传记中所表现的是什么内容，我也不太清楚。大概是父王在劝阻悉达多太子不要出家吧。图中只展现了两个分别坐在殿堂内外的人物（摄图四十二）。

【四门出游图】这四张图的构图大致相同，即左侧有一座有鸱尾的屋子，中央一匹面朝右方的马上坐着太子，其后方有侍从手执伞盖。右侧下方分别为老者、病者、死者和沙门。这些人物的上方，雕刻着一二尊飞天（摄图四十三至四十六）。

【宫女睡眠图】沙畹在解释此图时，用了“le sommeil des femmes”（沉睡的妇人）这样的词语，大概所表现的是劳累卧床的宫女。屋顶将图分为上下两部分，其两端——当然有装饰性的意味——分别坐着貌似飞天一样的人物。中央有张大床，其上一人枕肘横卧，另有一人坐在床端。除此之外，还有五个人物与一只凤雏（摄图四十七）。

我曾怀疑这是否是涅槃像。但无论从顺序还是构图，它都与涅槃无关。

果不其然，这是为了使太子顺利出家，四天与帝释天施以法术令宫女昏睡。浮雕作者极尽细致地将宫女合眼入睡的神态描绘出来。特别是将一位妇女横卧的造型显著地设置于构图中央，这或许展现的正是耶输陀罗夫人。若是如此，那么在她脚边坐着的一定就是悉达多太子。耶输陀罗的熟睡，才使得太子能够轻松地逾城出家。另外，此图中并没有他们的儿子罗睺罗的身影。

（日后，我读了 A. 福歇尔的书，才知道犍陀罗艺术中，有与此构图形式完全一致的艺术表现——其著作《犍陀罗美术》的第 179 图——意识到这一点，对于研究犍陀罗美术与云冈美术之间的关系是有益的。若说云冈石窟纯属于犍陀罗艺术系统，这是不正确的。但若说云冈完全就是笈多艺术，丝毫无犍陀罗因素也不恰当。关于这一点，我想日后在改稿之时，再细加说明。）

【逾城出家图】中央至右侧展现的是骑马而行的悉达多太子。马是阿拉伯良种，其写实的表现技巧令人赞叹。汉代、六朝、唐代以来，中国人雕刻马的技艺渐已精湛，而这匹马的确出类拔萃。马脚被四人托起，这正是还原了夜叉为了不惊醒熟睡的人们，而不让马蹄发出声响的传说（摄图四十八）。

左侧是紧锁的城门，空中有一位天人在太子身后撑着伞盖。

浮雕的构图沉稳而大气，有一种无以名状的典雅。阳光照射在浮雕起伏的表面上，人和马的姿态栩栩如生。

此番来云冈，我随身携带了格伦威德尔的著作《印度佛教艺术》。我在书中惊奇地发现了一幅名为“Gautama's Mahabhinishkramana or Renunciation.A relief from Loriyan Tangai in Calcutta Museum”（弃国出家的悉达多，收藏于加尔各答博物馆中的罗利央唐盖浮雕）的摄图。除了马首的方向不同之外，其与云冈的悉达多出家图简直如出一辙（请参照后文《大同美术中的犍陀罗因素》中的图三十七）。

加尔各答博物馆中的释迦出家图浮雕高约 19 英尺，破损较少。中央为白马犍陟，马脚被两位夜叉举起。车匿在马后撑着伞盖，其上方空中则是赤裸上身的执金刚神。太子前方的空中有三位天人，另外还有两个恶魔手执弓箭，阻挡在太子前进的路上。

此外，值得注意的是：在车匿身后有一根极具希腊风格的立柱。

格伦威德尔认为，夜叉托起马脚的造型，或许源于希腊神话艺术中的大地女神该亚或盖亚（对于犍陀罗和希腊艺术之间的关系，并非我的专门研究，因此对此知之甚少）。

这些夜叉托起白马犍陟，是为了不使马蹄声吵醒熟睡的人们。

（A. 福歇尔认为，恶魔魔罗手执爱神的弓箭，因此此图中魔罗似乎有迦摩的意味。）若将犍陀罗的出家图同云冈的进行比较，便会发现其中存在着饶有趣味的差异。云冈的出家图中并没有恶魔魔罗的身影，也没有执金刚神和三位天人。此外托举马脚的夜叉也由两人变为四人（格伦威德尔认为，希腊神话中原本只有一人，而在犍陀罗中设计为两人，这恰好同马的造型在艺术上达到了契合）。此外，云冈的浮雕中，夜叉的形态已荡然无存，取而代之的是北魏风格的人物形象。

更令我感到惊奇的是，犍陀罗中太子身后撑着伞盖的车匿，在云冈中已完全化身为空中飞舞的天人，而他原有的位置则被屋室所代替。

从构图关系而言，云冈的太子出家图，直接或间接地参照了犍陀罗艺术中的范本，这一点是不容置疑的。但是，在犍陀罗中作为专门记录悉达多出家的浮雕造像，传播至云冈后，便充满了自由的、包含丰富艺术色彩的气息。对于我们来说，身临其境所体会到的是无法言喻的喜悦。我觉得，云冈的艺术并非模仿印度，它的独创性是自然而然形成的。

【苦行图】（摄图四十九）一位青年苦行于珊瑚树之间。这又是一幅出色的雕像。

除此之外，尚有两幅浮雕依稀可辨。一幅图中，四人并立，其脚下又平行并列着另外四人的头部（摄图五十）。

另一幅图中，只有左侧站立一人，其余部分已损毁难辨（摄图五十）。倘若其余数幅浮雕能够保存至今，那么同犍陀罗中的释迦传记再行比较，一定会激发起我们更为浓厚的兴趣。真是遗憾至极。

九月十三日

（四）

【第三窟（今第7窟）】在欣赏完这些浮雕之后，我们向第三、四窟（今第7、8窟）进发。第三窟虽已被破坏，但窟外依旧立有一座楼阁，楼檐之上悬挂着名为“西来第一山”的匾额。其右侧刻着“顺治四年岁次丁亥菊月之吉”,左侧刻着“兵部尚书兼都御史马国柱立”。中间的字迹则是世祖章皇帝（清顺治帝）的御书。

此窟的前庭如今已被作为磨房，前后室之间的门上着锁，因此无法进入后室。（附记：日后，我们进入了后室，才知道其中拥有着十分优秀的艺术品。相关之事将记录在二十四日的日记中。）

【第四窟（今第8窟）】此窟又名“佛籁洞”，确实是激发人们对艺术产生感动的源泉。在高约4米的入口之后，只不过是宽9米、纵深6米的小洞窟（摄图五十四），然而就在这狭窄入口两侧宽幅1.4米的墙壁及顶部拱顶之上，却雕刻着众多我认为称得上是世界奇观的佛像（摄图十六至十九）。

首先，对这些佛像予以叙述。它们早已出现在沙畹的图谱之中，敏斯德保的《中国艺术史》将此引用，另外大村的图录里也有介绍它的内容。对于我来说，这样的构图形式本是这10年中最为熟悉的。然而，当我站立在实物面前的时候，我却意外地体会到一些不可思议的感觉。

事实上，这些雕塑的精美之处并不能通过照片展现出来。只有将那质地精细的砂岩、千百年来的风蚀、无以言喻的质朴之色，连同雨晴朝暮的阳光融合在一起审视，才能够体会到它真实的韵味。

拱顶最高处中央有莲花纹饰。再高处的浮雕，其花瓣同之后传入日本的佛像莲座花瓣造型相同。我不知道该如何称呼它，但其与第二窟（今第6窟）合奏团上部的带状纹饰相似，也是在印度较为常见的纹样。

接着将视线转向西壁。这里雕刻着面向南面的飞天造型，其头发呈二重圆状，面部比例较小，却显得丰腴圆润、温柔多姿。而且，躯体与四肢所呈现出的动态，富于想象又自然而然地浮现在砂岩最为柔软的部分上。浮雕之间，工匠们用雄劲的刀法雕刻出细致的衣纹和首饰。

飞天上身赤裸，下身被裙裳所遮蔽。其上涂绘着些许群青和猩猩绯等色彩。上色虽然称不上合理，但是因已古旧，色彩显得甚是苍茫。尽管想为其着色，但是我觉得即便没有色彩也不错（摄图十六）。

其下方是一尊五头七臂的神怪，骑在伽楼罗鸟之上。这仍是一尊极为精美的雕塑作品（摄图十七）。

大村西崖认为此形象是由婆罗门神毗纽演变而来的。或许它是千手观音的原型，但若不以佛像学的眼光来审视，单以艺术效果而言，其依旧是上乘之作（最初见到它时，我并不知晓其究竟起源于何处，日后才意识到它起源于中印度）。

迦楼罗的底部置横框，其下方是右手执三叉矟的神王。这尊像除右手和矟之外，均是后世重修。我们欲将重修部分破坏，使原像显露出来，然而它损毁程度相当严重，若将泥皮剥去的话，恐怕便再难恢复它的形象。于是我们决定放弃。

接下来是东壁的诸像。壁面的隅撑部上雕刻着呈直立状飞翔的天人，其下是骑在牛上的一尊三头八臂的神怪。大村认为它或许就是湿婆。沙畹也认为这是将湿婆神作为阿缚庐枳低潜伐罗（观世音的音译）的一种形象表现。此雕像的造型虽同之前那尊五面六臂造像相近，但就我而言更喜欢前者（摄图十八、十九）。

再之下，伫立着沙畹书中又一尊有名的神王像。他认为，其头部戴着罗马神话人物墨丘利的羽翼，手持尼普顿的三叉戟和巴克科斯的葡萄杆，这显然是东西文化混合之物。沙畹觉得这些罗马神大概就是希腊末期众神的起源。对于这种说法，我很难同意。另外，大村称其为“执戟的俱肥罗”，认为此神王同俱肥罗即毗沙门天（多闻天）是同一尊神。然而，对其原型的这种见解也令我觉得有些可笑。若真如此，那应该用宝塔代替宝棒（摄图十九）。

这些造像的砂岩表面饱受风蚀，但同对面墙壁的雕刻相比，还尚且能够保留着旧时的原型。

今日只草草画了一幅飞天的素描。马在远处看到我们便跑了过来，还有几个儿童也聚集在我们身边。他们都带着乡下人的气息，十分可爱。薄暮既近，我们收拾好三脚架，匆匆而归。

吃过晚饭，我们带着火烛去第二窟（今第6窟）临摹释迦传记图。这样生疏而又难以习惯的工作，使得这一整天的好心情渐渐变得惨淡起来。点不着镁光灯又弄坏了三脚架的我，一回来便气馁地抱着头躺在床上。

夜半时分，星光璀璨。风吹过窗纸微微颤动，风铃不时作响。

今日，小白骑驴返回大同，买了些纸、香烟、蜡烛、洗脸盆、毛刷等物品。从今往后，看来不得不抽“前门”度日了。他还从大同的客栈带回几席难看寒碜的蒲团。

今夜依旧很冷，我盖着两层毛毯，终于写完了长篇日记。

小白明日仍将返回大同，去修理三脚架。

神啊，我二人不分昼夜竭尽全力地学习着，这是受考试折磨的学生都无法体会到的不知疲倦的状态。我们总是这样想：日后回想此时的事情，一定会觉得这段时光意义非凡。

我们不时放下手中的笔，潜心讨论；另外还评论着此番带来的两三本名著。

九月十四日

（一）

【第四窟（今第 8 窟）续】今天一整天时间，都花费在了第四窟（佛籁洞）入口两处壁面浮雕的写生上。首先是东壁，从上午 10 点到午后 1 点半，才终于完成素描图。朝阳的柔光照在雕塑表面，将略带灰褐的蔷薇红砂岩的原色调展现出来。除了蔷薇红的色调之外，有些地方的色调则是明显的水色或草色。

天时晴时阴，光色的浓淡直接影响着壁面的色彩，时而是暖色、时而是冷色，时而明快、时而暗淡地在壁面上转换着，仿佛如同寂静的大洋表面。

令人神魂颠倒的精美雕刻寄托在砂岩表面，不得不说这是最适当的表现方式。

面向南面的飞天如昨天描写的那样，她们中亚风格的浑圆面庞上浮现着迷人的微笑。其右手拈花，弯曲的手腕带着妩媚。左臂呈直角弯曲，左手置于婀娜的腰间，身形从手腕同胸腹所围成的四角形空间中隆起，很吸引人。她们像少女一般赤裸着双足，其中左脚抬起至略比肩高的位置。

下方是五头六臂的神怪。五张面孔各有特色，令人喜爱。这些面相既不是希腊风格，也不是犍陀罗风格，更不是中国风格，而是发源于笈多或是中亚。若我们想从熟悉的人物中找到与此相似的面容，那就应该是问答师了（问答师被认为是印度人）。然而颈部以下身躯的形态，却能够在犍陀罗艺术中找到。A. 福歇尔书中摄图里的人像立柱与它极为相似。

神怪的特征是：正前左手持鸟，上方第一左手举日球，第二手左持弓；正前右手置于膝上（第一右手缺），第二手右手持月球。

伽楼罗鸟的嘴中衔着一颗珠，看上去极其怪异，又略显滑稽。

就在我满怀欣喜地临摹着这些造像的时候，一只红嘴红脚的鸟（当地叫红嘴鸦）飞入洞窟，徘徊于天井处，尖声惊叫着。当地的百姓也都站在我的身后看着我工作。

下午 3 点，我们接着对西壁浮雕进行写生。或许是劳累所致，与上午相比，我已感到手中的素描铅笔变得沉重，然而这异常美丽的造像又令我的动作渐渐轻熟起来。

洞壁隅撑部位的天人面向南方而飞，可实际上她的造型更像是踩水一般。左手高举过头顶，右手持物（我也不清楚究竟是何物）弯曲于胸前。头发和上身涂着绿色，裙裤涂着红色。

三头八臂像身着满是襞褶的衣服。正面头部较大，而左右首较小。左右首皆如欧洲人的面相，展现出如肖像画那样美妙的形态。正前右手拿着葡萄，其后方的第一右手举着太阳，第二右手拿着弓，第三右手的前端已损毁。正前左手置于腰间，其后方第一左手似乎捧着什么物品，高举过肩。手部已经残缺，但可以猜想所捧之物或许是月。同侧的第二只手如今已完全损毁（与此最为接近的形象，请参考斯坦因的《古代和田》图谱第 60 页）。

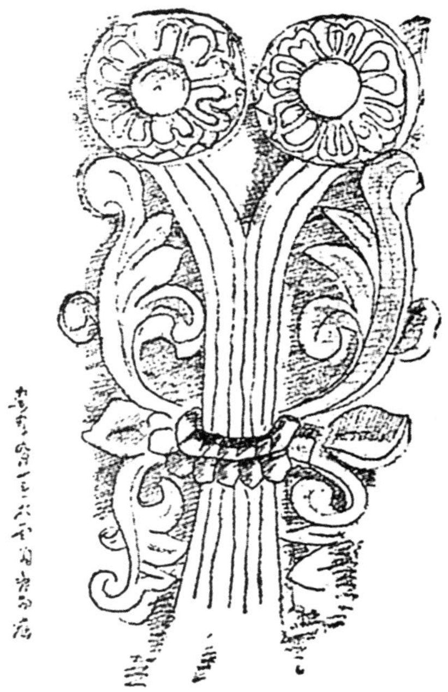

图十三　佛籁洞入口内部的纹饰

之后，我们进入洞窟，看到正面立着一座巨大的佛龛，其中排列着坐佛。佛龛两侧雕刻着三列体形较大的佛像，这些佛像从艺术角度而言价值甚少。与此相比，东西窟壁上的群像就要好一些，只是西壁风蚀严重，已经残缺不全。

东壁大致分为三层，雕刻着内有坐佛的佛龛。佛龛之间是佛塔，其中填充着小型人物的造像，每层之间以忍冬纹模样的带状纹饰相隔。在云冈石窟中经常可以见到这样的忍冬纹饰。

入口拱顶的南壁内侧（面北），并列雕刻着六尊佛像。佛像之上的纹饰源于中亚的木雕纹饰，另有一些与犍陀罗纹饰相似（摄图五十六）。

此外，还有菊花状的花纹装饰（图十三）。

令人惊叹的是此洞窟天井的雕刻，在此就不一一说明了（摄图五十五）。

概括而言，洞窟后室内的雕像与第一、二窟（今第 5、6 窟）之像有相似的风格，只是入口处 1 米多高的壁面上的诸像，却有着显著的差异。

执笔劳顿，关于第四窟的记述到此为止。若有遗漏的细节，日后再予补充。

摄图五十四　第四窟（今第 8 窟）入口及第五窟（今第 9 窟）外观

摄图五十五　第四窟（今第 8 窟）前壁藻井

摄图五十六　第四窟（今第 8 窟）前壁门口上部

摄图五十七　第五窟（今第9窟）内室前壁上窗拱腹

摄图五十八　第六窟（今第 10 窟）外室东壁

摄图五十九　第八窟（今第 12 窟）外室东北侧壁

摄图六十　第八窟（今第 12 窟）外室藻井南侧

摄图六十一　第八窟（今第 12 窟）外室藻井西侧

摄图六十二　第八窟（今第 12 窟）外室藻井

摄图六十三　第七窟（今第 11–7 窟）前一尊佛龛

九月十四日

（二）

【第五窟（今第 9 窟）】第四窟（今第 8 窟）至其西方的第五窟（今第 9 窟）之间，有大约 8 米的距离。这一段正是开凿两侧洞窟后而残留下的山体砂岩，其向外凸出，呈筑墙状。以下第六、七、八、九等窟（今第 10、11、12、13 窟）顺次排列在一条直线上（图一、十四所示）。

图十四　第五至九窟（今第 9 至 13 窟）前景象

每个洞窟前面开凿出两根砂岩石柱，因此形成三个窟入口。窟入口处又装设了格子门，以防止乌鸦、鸽子等动物的入侵。

在这些入口拱顶的上部，有许多孔穴。我想这是窟前楼阁为了插入承重梁而凿掘出来的。

第七窟（今第 11 窟）入口处，便可看到其拱顶部有一座较大的佛龛，一尊精美的推古型大坐佛居于其中。

我已经将这些洞窟的概观通过写生图展现出来，在此就不再用文字描述。

第五窟（今第 9 窟）及以西的诸窟，均被恶劣地重修，这令我十分懊恼。第五窟（今第 9 窟）同前面几窟一样，也分为前后室。前室入口高约 10 米，其间立有两根粗大的石柱。前庭纵深 4.3 米，通过狭窄的洞口后，便可进入更为宽阔的后室。

后室中央立有一座巨大的佛像，两尊胁侍分别伫立在两侧。

前室的最后方立着一座重修碑，上面写着“大中华民国九年二月廿六日大同子温历时中撰并书”。毋庸置疑，此窟在这个时候重修，而那些锃亮光艳的金黄色和红绿色也都是最近才涂抹上去的。

前室窟壁的中下层，近代绘画拙劣。然而在其上方，我们偶然发现这样一段文字：“明治四十一年九月三十日塚本先生二随行トシテ到此處，天津在留人槇口眞藏”〔明治四十一年（1908）九月三十日作为塚本先生的随从人员到此处，客居天津的槙口真藏〕。由此看来，那个时候这里的重修已经完成了一部分。

前后室分隔墙的中央下部是通往后室的入口，入口上方设有明窗。两者之间雕刻着屋顶、斗拱、天女群，以及三头六臂、一头四臂的神怪。此处的斗拱由一斗三开与“人”字拱的构造纹饰交错构成。

入口两侧宽广的壁面上各有一座佛龛，双手合掌于胸前，双脚交叉呈“X”形的女身佛像端坐于其中。佛像的面部涂着崭新锃亮却质量粗糙的金箔，但是却并不影响其展现出美丽的形态。我觉得，若是将面部的修复层剥去，使原物的眼睑显露出来，佛像看上去将会更加动人。重修的部分大概只是表面最薄的那一层，而不包括那厚实的木制泥塑。因为，颜面上依旧隐约能够展现出当时刀法，无论是头冠的形状，还是佛像的下颚，都与北魏时造像完全一致。

早已看惯了这些拙劣的修复，我心中的厌恶感也在逐渐减少，因为这些装束早已不再是我体会古代艺术的障碍。

我想还有一个原因，这里的诸多石窟损毁严重，因此后人才会去修复它们。在一些早已面目全非的遗迹上，除了粘补上土制的头部和躯体之外，修复之人并没有什么过分之举。就这一点而言，我们应该对这些重修抱有宽恕之情。另外，将第一至四窟（今第 5 至 8 窟）的雕刻同第五窟（今第 9 窟）以西的诸石窟作比较，我会觉得后者的水准要相对粗糙一些。这也是我此时不再抱怨后世修复的一个重要原因。

能够对这些拙劣的重修抱以宽容之心，恰是我们在艺术鉴赏上的进步。如果不能在欣赏艺术品的时候将心情平静下来，那么糟糕的第一印象往往会使我们产生错误的评价。

图十五 犍陀罗的火焰

后室入口上方明窗的上下两侧，均布满了雕刻。特别是在上方拱顶中央，雕刻着一座熊熊燃烧烈火的博山炉，四位少年天使围绕在四周。这幅雕像的图案在第六窟（今第10窟）及其他地方反复出现过。这种火焰〔（火焰在第六窟（今第10窟）中呈博山炉状〕究竟代表何物？另外，它在艺术史上的沿革又有何说法？很长一段时间里，我对这一问题始终抱有疑问。

然而，这种火焰的形状，同犍陀罗雕刻中释迦传记的“佛身荼毘图”的火焰有异曲同工之处（图十五）。

另外，这种火焰或许从印度烛台的造型转变而来。先猜测后解释，我觉得用这样的方式记述尚未熟知的事物较为妥当些（图十六，摘自A.福歇尔的《犍陀罗艺术》）。

关于前室东西两壁的雕刻，我应该记述下来。但是今晚尚有许多工作没有完成，所以在此就省略不记了。

唯一想赘述的是，此洞窟和以西各窟柱子的底座，以及塔雕的基座上大都雕刻着儿童。这种做法，无论如何都像是从犍陀罗艺术中流传而来。

图十六　犍陀罗的烛台

九月十四日

（三）

【第六窟（今第 10 窟）】前庭入口处有三根 10 米多高开凿出的石柱耸立其间，几乎同第五窟（今第 9 窟）一样。前后室的通道极为狭窄，高度仅有 2.5 米，侧壁的宽度是 1.8 米。过了通道，便可到达较为宽广的后室。后室的后方有一根高约 5 米的四方形立柱，其正面雕刻着一尊大坐佛像。后室破坏严重，比如天井上的雕刻几乎已经面目全非，取而代之的是近代补修的绘画。

后室入口处的上部，雕刻着以龙为基本图案的装饰，两侧则是多臂的神怪。神怪的造型虽同第四窟（今第 8 窟）中的雕刻相似，但技艺却要粗劣一些。

前室北壁入口处两侧、东西两壁分别雕刻着各一个和两个大型佛龛，每座佛龛之中雕刻着一尊佛像。另外在佛龛上方，又有大小不等的佛龛。再往上便是布满雕刻的天井。

前室的诸多佛像，其面相以及衣褶的形态均与其他佛像不同。这一点给我留下了深刻的印象。

关于这些佛像，松本文三郎博士是这样论述的：

“……特别是这下方的诸像，极具印度风格。从此窟的位置来看，窟中这些佛龛位于云冈中心线偏东，或许是灵山中最早被开凿出的。然而，若论灵山中何处的佛像风格最为自由、形式毫无拘泥、雕刻手法优秀，我觉得这一窟绝对是首屈一指。此窟前室下层，雕刻着立像、坐像、倚像等所有造像形式。另外，佛像的衣着法式也极为合理，没有一丝不自然的暧昧之感。我想只有熟悉印度人的着衣方式才能做到这一点。首先，我们来观察立像。佛的面庞圆润柔和，双眼微张，正所谓以慈悲之眼注视众生。衣服几乎将全身遮蔽，只有右胸的上半部分袒露出来。而且，其衣服极为轻薄，随肉体的轮廓而起伏，宛如赤身裸体一般……”“若是对印度笈多期的雕像有所了解的话，当我们看到此处诸像的时候，不得不对两者是如此的相似而感到震惊。此外反观灵山其他佛像，其衣着的法式或有错误，或暧昧不明，或全身比例失调，或依样画葫芦，都未达到此窟造像的水准……”“这一特点，不得不使我认为灵山第六窟（今第 10 窟）佛像是出自于印度艺术家之手，或者在他们的指导下，由中国最出色的技工雕刻完成。因此，我觉得从此窟的位置而言，或许无法断定它是否是大同最早被开凿出的佛窟，但可以肯定的是，技艺高超的工匠们特意避开山腹中央，而在此创作出了最具典型性的作品。”

关于这段被引用的论述，我们无法完全赞同。

第一，对于此窟前室的佛像比其他诸窟更为优秀的这种观点，我们持反对意见。我们觉得第一至四窟（今第5至8窟）以及西方那些规模更大的石窟，其艺术性均优于此窟。当然，这属于艺术评价的范畴，有很强的主观性，在此不必多说。

第二，从第七窟（今第11窟）所发现的造像年代中得知，第五、六、七窟（今第9、10、11窟）并不是云冈石窟中最为主要的部分（此事将于之后的日记中详述）。这些石窟都是成型于云冈开凿的后期。松本博士所谓“由印度艺术家所创作”的观点，是我们试图予以否定的。但是对“由中国最优秀的工匠所雕刻完成”的看法，无论我们抱有多大疑问，这一点都无法否定。

第三，前室下层窟壁立像的面相“圆润柔和”，同印度笈多期佛像相似，这是事实。然而，其颜面大多经历过后世的重修，如眼前这种深褐色的泥塑面容，所表现出的形态早已不是佛像的本来面目。

只有下壁佛像的面相是这样的，石窟中的其他造像均同第一、二窟（今第5、6窟）所见之物相同。尽管下层的佛像看似特别，但这几乎都是后世重修的结果。

第四，关于衣着的形式。此窟中的佛像均袒露右肩，这同其他石窟中的佛像有不同之处。然而，哪些部分是保存尚好的原物，而哪些又是后世重修塑造上去的，已经不得而知。一般而言，往往皲裂较深的部分，其原材料是土质，而不是石质。

另外，这种衣着形式并不只是出现在这一窟中，在东方、西方诸窟中都能够看到。

综合我的意见而言，诚然，此窟中有众多可以称之为笈多型的佛像，但是，若说只有此窟中的佛像是笈多型的就有些牵强。将此窟同周围几窟称之为云冈最重要的石窟也是不恰当的，倒不如说尽是后世重修的遗迹。此外，第一至四窟（今第5至8窟）中不仅只有笈多系的佛像，犍陀罗系也不在少数。因此，松本博士所谓云冈全部都是笈多型而毫无犍陀罗因素的说法，我无法赞同。

通往后室入口处上方的明窗顶部，照例雕刻着四名童子飞翔在火焰四周的图案。

九月十四日

（四）

【第七窟（今第 11 窟）】本窟没有前庭（摄图九至十二），与第六窟（今第 10 窟）相隔约 7 米。洞窟正面宽度为 7.78 米，入口高约 3.55 米、在纵深 10 米的不规则四边形的窟室中，有一座直通天井的四方形石柱。

在损毁较为严重的洞窟中，石壁上的雕刻往往被后世的彩绘所覆盖，此窟中央塔柱正面的大佛像就是如此。不过，大佛背光四周所雕刻的手持各种乐器的小佛像还是十分吸引人的。

此窟中最应该为大家所重视的，是东壁高处的太和七年（484）造像铭文。这件今年才被发现的文物，是目前云冈石窟中唯一的北魏时期碑铭（追记：此后在云冈又陆续发现了一二处）。它的位置实在是太高了，字迹根本无法辨认，制作的拓本也是漆黑一片。窟中有一副悬梯直通碑铭的位置，大概就是用来制作拓本的。

听说寺僧手中有一幅拓本，我便极力说服他们让给我。尽管最终征得了同意，但目前尚未拿到手。

如果本窟开凿于太和七年，那么窟中雕刻以及与此类型相近的相邻石窟一定都属于云冈后期的作品〔由开凿记录而知，云冈早期的主要石窟始建于太安元年（455），竣工于和平三年（462）〕。

（附记：魏碑的全文将在日后抄录在日记中。从我之后得到的拓本中得知，此窟并不是魏主命令开凿的，是由 50 多个本地人经过协商修建而成。）

拓本上留有“考古学家张觐臣、审美学家古钦勋，共和八年及九月下榻考察”的精美字迹的落款。

【第八窟（今第 12 窟）】此窟正面宽度为 7.3 米，窟前立有两根石柱。前室和后室的纵深分别为 4.55 米和 4.77 米。狭小的石窟内并没有什么值得特别关注的造像，而且损毁都相当严重，只有天井处的雕刻看上去颇为壮观（摄图五十九至六十一）。

【第九窟（今第 13 窟）】这一窟依旧没有特别值得关注的雕刻。洞窟没有前庭，正面宽约 10 米，纵深 8.5 米。在四方形窟室后方，端坐着一尊巨大的佛像，佛像的右臂被一尊四臂菩萨所支撑，这样独特的造型独具匠心。

在第九窟（今第 13 窟）的西方另有一座石窟，是损毁殆尽，还是雕刻尚未完成，不得而知，如今已然是一座废窟。沙畹将其命名为第十窟（今第 14 窟）。

这一窟暂且不提。先来说说第七窟（今第 11 窟）入口拱顶上部佛龛中的雕像。巨大的坐像两侧各立着一尊胁侍，特别是中央大佛高眉深目，容貌端美，简直无法用语言形容。

最初的一瞥，觉得这是一副颇具希腊古典式气息的面相。然而，反复观察，便会发现其尊容极其庄严端正。因为是雕刻在坚硬的砂岩之上，躯体衣着都略显粗糙。但是，佛像的面容却并非如此，在我看来，其比中宫寺的观音、朝鲜李氏王家博物馆的如意轮观音更加给人以深远的感觉。至少，佛像的面容带给我一种惊喜。而后，随着朝暮阳光的变化和空气、远近透视法视点的移动，佛像的外观也随之发生了变化（照片只能呈现出佛像古朴的那一面，若不亲自来到这里去细细观察的话，便不能体会到佛像的美）。同样是深远的基调，其表面给人的感觉却始终在变化之中，我竟出乎意料地从佛像身上联想到了沧海。岂止是跪拜之情，对于这尊佛像我已无法仰视。

不是悲哀，也非欢喜，而是激荡在内心的令人不觉泪流的无尽虔诚。在这份感情中，我体会到的是“永远”。

这是一种见到了毕生所追求的艺术品的幸福之情。

无法用充满母性或其他词语来形容此尊佛像，若是歌德所谓“永恒的女性”[①]的概念被具象化，我想应该就是这样的姿态和容颜。

（再版时追记：此佛像位于很高的地方，站在下面仰视根本无法看清她的细节。此次收录于书中的摄图第六十三，大概是站在搭建的高台之上所拍摄的。距离与环境的不同，使得照片并未表现出我所描述的感觉。我的描述或有夸张之感，但是若不站在佛像三分或七分的角度，由下而上用肉眼去仰视的话，根本无法去感受佛像。不仅是这尊佛像，对其他佛像的描述与照片的展示都会或多或少地不相吻合。这是人眼与照相机的差别所致。关于这一点，我就不再一一追记辨明。）

---

①“永恒的女性，引领我们上升。”出自于歌德的长篇诗剧《浮士德》。——译者注

8 点吃过晚饭，我们又开始了拍摄释迦传记的工作，今夜是否成功不得而知。但如今手中已有 9 张沙畹拍摄的清晰照片，即便失败也无所谓。

我们渐渐地习惯了当地的生活，舍弃了每日洗澡、更衣的习惯，发现这些事情已经变得毫无必要，而且每天都吃得很满足。这里景色宜人，乡间充满生气，丝毫体会不到危险。我们就在这种环境中，整日做着自己的工作，忘却了人世间的诸多欲望，安静地生活着。对于我来说，这应该是一生中最愉快、最幸福的时光。

白天天色尚阴，但此时已能看见满天繁星，气温也有所回升。从昨夜开始，我们垫上了一张又一张蒲团，可半夜里的寒气还是令人苦不堪言。

今夜的日记篇幅很长。时间已过 2 点，也该尽快休息了。希望我心中的幸福之情能够传递给大家。

云冈日记 下

九月十五日

今天一天，几乎都花在了第四窟（今第 8 窟）入口两侧群像的写生工作上。这期间，我们曾去前面的农家讨水喝，主人十分热情地将一大缸水分给我们。

晚上，我们提着蜡烛和洋灯，进入第二窟（今第 6 窟释迦殿），对佛传图中“侍女的梦”浮雕进行了写生。这幅浮雕，充满了自由的技巧和创作的趣味，它的整体效果有一种被中国化的独特意味。今夜，我们得到了通信许可，这样就可以往日本寄信了。另外，我们还拍摄了两人在室内工作生活的一些片段。顺便说说房间的事情。这是与第二窟（今第 6 窟）相对的两处房屋中东边的一间，坐东朝西，约有 50 平方米。房间分为两室，北侧的小室中有用作休息的炕，东西两侧是贴着纸幛子的窗户，室内十分昏暗。门口面西，前庭的石台上有陶兽、铁铸的大香炉。另外，石缝间生长着几株茂盛的芍药花。走过中庭，便是西客殿，殿前悬挂着“慈悲无量”的匾额。

夜里我们躺在炕上，并没有生火。就这样穿着衣服，披着外套，裹着两层毛毯，盖着蒲团入睡了。拂晓将近，透骨的寒气逼来，将我们屡屡冻醒。

九月十六日

云冈石窟寺的诸多雕刻中，相貌最为特别的造像就位于第二窟（今第 6 窟）天井处，关于这一点，我已在九月十三日的日记中有所记述。今天，我们对这些造像进行了写生（图十一）。称它们为犍陀罗艺术作品不知是否得当，但可以肯定，它们既不是中国艺术，也不是中印度艺术。

写生结束，我再一次被第二窟（今第 4 窟）东壁合奏团那浓厚的宗教氛围所深深吸引。

【东方诸窟（今第 1 至 4 窟）】今天下午，我们开始考察被沙畹称之为东方石窟寺群的东方诸窟。如今这里已是百姓家菜园子的后界，残破的石窟成了堆放粟谷的粮仓（图十七）。

图十七　菜园后的东方诸窟

第一窟（今第 5 窟）和菜园之间，似乎还有一座小洞窟。由于被封锁在建筑物的内部，所以无法测定它的构造。

菜园后面的诸洞窟中，靠西侧的一座规模较大。自西向东，还并列着四五座规模较小且雕刻一般的洞窟。西侧较大的那座石窟，其内部已严重损坏；然而，还是有两三根人像石柱带给了我们惊喜和愉快（图十八、十九）。这种雕刻在西方诸窟中并非无迹可寻，只是这里没有被后世重修，依旧保留着它原有的样子。

与此窟相邻的小窟，几乎都埋没于地下。它们不仅被用作放置农作物的仓库，同时因为焚烧的原因，洞窟壁面已满是漆黑。即便如此，在里面依旧能看到几尊相貌精美、惹人怜爱的造像。佛像身着常服，头顶帽子，与洛阳宾阳洞人物立像有相似之处。

菜园中，有许多结着沙果的果树，树下有穿着红衣裳的女孩子们在嬉戏玩耍。

菜园四周围起土墙，其后方是一座陡斜的小丘。东面是一段大约 50 米、如河床一样平缓的由北向南的缓坡（参考图第十二）。这里有一处台子，由此北行约

图十八　菜园后石窟人柱像之一

图十九　菜园后石窟人柱像之二

80 步，是一座供奉着五谷神和龙神的庙，庙里有《新齐谐》中所讲的神鬼像。

祈雨的物件是两端为圆锥形的八棱梭状木片，上面写着：

三日雨足
风调雨顺
五日雨足
风多雨少
当日有雨
口愿不还
风少雨多
人心不音

菜园后方的山体之上有许多洞窟，其中最为特殊的是西端那座规模巨大的石窟。比起用语言来描述，倒不如用平面图展现它更为直观。这是一座破坏严重且尚未完工的石窟，其中仅存一座巨大的立佛和两侧的胁侍菩萨。尽管如此，群像的面相还是有一种不可思议的美丽（摄图七十二、七十三）。这些佛像的上体，特别是头部都是由异常坚硬的砂岩雕刻而成，因此时至今日仍保存完好。

佛像的面容同云冈石窟西部的露天大佛并不相同，亦颇具独特之处：圆润的脸庞，丰满呈二重状的下巴，充满爱意的大眼睛，还有波浪形的嘴唇。中央主像似乎是释迦说法像（摄图七十二），释迦右手举至肩部，左手抚在膝上。左右两尊胁侍分别将右手置于胸前。胁侍的容貌如同童子一般，在云冈石窟中仅此一例（摄图七十三、七十四）。或许它们的建造年代与其他窟并不相同。

在这些雕刻表面，有许多被穿凿的小孔。究竟是何用途，不得而知。

来说说这一洞窟的构造。前室纵深 6.5 米、后室左右宽约 31 米，由入口至后室最深处长约 22 米。遗憾的是，如此巨大的洞窟当年却未能完工，荒废至今，成了红嘴乌鸦的栖身之所。

入口上部，有采光的窗户，从外面可以攀援上来。站在那里，便能够清晰地看到三尊大佛精美的面容。

岩窟外部，当地人称之为瓦松花的植物生长茂盛。它的形状如同针叶牡丹，体形较大，针状的叶子水分很足，白色的小花连成一串，气味很淡。据说这种花能够治伤。此外，这里还生长着一两种蓬蒿，散发出一种甜美的清香。

我们背对佛像，眺望着前方的河流与平野，宛如置身于桃花源中。

五六块农田前方的丘陵，与我们所处的丘陵平行，是这美丽画面的背景。它横亘东西，将极为平缓且又朴质温柔的天际线描绘出来。山顶和山腹被褐绿色所覆盖，其他各处的主色调则是鲜黄色和鲜绿色。临河的山麓处皆为断崖，呈现出视觉感强烈的黄赭色。

无法看清河面上的水光，但杂草不生的宽阔流域带所呈现出的蔷薇色仍清晰可见。菜田犹如浸染了各式绿色的绸缎，由远及近地出现在眼前。

地面某处，闪耀着圆形的黄色光芒。那是粟和高粱被碾磨之后，壳残留在地面上的缘故。一头驴一边发出奇怪的叫声，一边拉着磨礤。还有一个牵着缰绳的男子站在中央，像驱动器一样操作着一切。这里的生活就是这样的平淡闲适。

有些地方，堆积着捆绑好的谷束，有些地方则被清扫得干净利落。街道上，不时有人骑驴而过。

我们饱览此美景后，便走下山丘向东前进，进而参观了最东端的两三座石窟。它们是东方大窟向东约 60 米处的一座小窟，以及再向东 40 米处的两座石窟。若从东数，可将它们命名为东端第一窟和东端第二窟。

这些洞窟及东方大窟的位置，可由图二十的“东方诸窟平面图”而知。此外我再将临摹图（图二十一）附上。左边所见 A 处即是东方大窟（今第 3 窟），B 处为东端第二窟（今第 2 窟），C 处隐约所现的是东端第一窟（今第 1 窟）（另参考摄图六十四）。

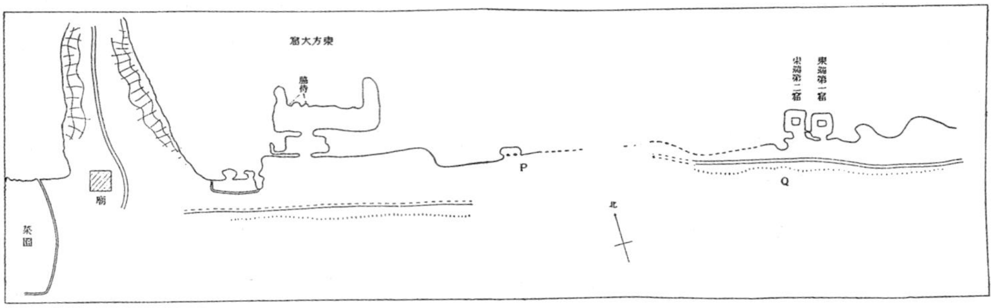

图二十　东方诸窟平面图

图二十一　东方诸窟外景图

东端第二窟（今第 2 窟）（摄图六十五）东西直径约 8 米，南北直径约 10 米，其中央是底部直径约 1.5 米、直通天井的四角三重塔柱。塔柱下部已严重风蚀，犹如风中残烛一般。在第一、二层上，雕刻着人形及箭头形的纹饰，与石窟寺第二窟（今第 6 窟）中相同（摄图六十九）。

此洞窟东壁，凿刻着内有坐佛的佛龛。各佛龛之间还雕刻着仿木造结构的五重塔（摄图七十、七十一）。西壁大略与此相同。

另外，东壁后方的下部，还刻画着释迦牟尼传记图中的一景。它同第二窟（今第 6 窟）的“弓技图”有着同样的构图（图十二、摄图四十）。

接下来是东端第一窟（今第 1 窟）。此窟呈四方形，边长约 8 米。中央伫立着二层塔柱（摄图六十六）。同上一窟相同，其东西壁上雕刻着佛龛和塔，东壁后方的下部亦刻画着释迦牟尼传记图中的二三景，其中“逾城出家图”与“弓技图”清晰可辨。

此洞窟西壁的南端，有一尊极为精美的浅浮雕。图中人物左手拎着水瓶，与其说是一尊佛像，倒不如说是一幅写实肖像画。温和的黄赭色砂岩表面，涂着蓝、朱、绿等色彩，和谐而古旧，如同用彩色粉笔画上去一般，呈现出典雅的效果（摄图二十）。

另外，在洞窟入口南壁西侧的窟壁上，一尊被重修的大型佛像的一侧，雕刻着瘦骨嶙峋的半跏老者。它究竟有何寓意不得而知，却同犍陀罗美术中所能见到的婆罗门像有相似之处（请参考后稿《大同美术中的犍陀罗因素》）。

或者可以说它和柿本人吕[1]的肖像很像。

夜里，我们对“出家图”、“睡女图”、“悉达多太子邂逅沙门图”等这些大型壁面雕刻制作了拓本，工作一直持续到11点。最初，我们用小扫帚将水洒在拓本上，但这样实在太慢了，所以索性将瓶中也不知是否干净的水含在口中，噗噗地喷出来。然而，让小白作为助手与我们一起来做这样的事情，令我感到不愉快。

今夜的上弦月，恰好从对面屋顶升起。这使得那鹅头形的、满是复杂装饰的屋顶展现出一幅极具想象空间的影像。

图二十二　云冈风景

①或称“柿本人麻吕”（660—720），日本飞鸟时代的著名诗人。——译者注

摄图六十四　东方石窟全景（右起）东端第一、二窟及东方大窟（今第 1、2、3 窟）

摄图六十五　东端第一窟（右）及东端第二窟（左）

摄图六十六　东端第一窟（石鼓洞）内部塔柱

摄图六十七　东端第一窟东壁下北侧释迦传“太子出城图”

摄图六十八　东端第一窟东壁下部释迦传“太子弓技图”

摄图六十九　东端第二窟（寒泉洞）内部塔柱

摄图七十　东端第二窟东壁上部

摄图七十一　东端第二窟东壁细节

摄图七十二　东方大窟（今第3窟）本尊（灵岩寺洞）及胁侍

摄图七十三　东方大窟（今第 3 窟）左胁侍

摄图七十四　东方大窟（今第 3 窟）右胁侍

摄图七十五　第四窟内部佛像之一

摄图七十六　第四窟内部佛像之二

九月十七日

【东方诸窟续】今天的时间，都专注于东端第一窟（今第 1 窟）手持水瓶人物的写生工作上。虽然人物的足部已损毁，但从其三角形发束顶部到脚下横框的部位仍有约 1 米高。头顶上方中央是揭开的幕布，其上栏间刻着跳舞的童子和花瓣，再上方是两尊双手合十的人物造像。晨光照射，使得颜面看上去鲜明而洁净，造像那温雅的容貌宛如拂晓睡莲的花瓣一样美丽（摄图二十）。

这或许是尊观音像吧。如今这样的“佛像学”并非是学界的研究课题。比起水彩画或是油画，我想只有以彩色粉笔画的角度去品味，才能体会到佛像精美的艺术效果。

总而言之，此番我们在云冈的生活，简直就是作为画家而进行的一次感官享受的体验。尽管此次要考察许多关于佛教史和文明史的事情，但是我们却将这一切置之不理，反而执著于古代美术品的美学印象中。并非是我们意志薄弱，而是大同的艺术实在是太美了。我们将考证的工作暂且放下，尽情且幸福地沉浸在这艺术享受之中。

素描及着色工作结束后，我们走出洞窟，沐浴着和煦的阳光。在光照下，眼前之景宛如春宫图那蒙眬的画面一般，近处的绿草和远处的云冈河上都泛起阵阵阳光。似乎听见了云雀的啼声，还有那远处耕地的驴叫。黄色及紫色野菊盛开，云冈河对面的丘陵也闪耀着蔷薇色的光。忘却中国，忘却北京，我们仿佛置身在世外桃源之中，内心中始终充斥着 16 世纪威尼斯派画家青年时代的灵魂，以及中国小说里那种北方人的魂魄。

听闻飞鸟展翅的声音，只见一只山鸽飞向远方。我呆立着，将口中的香烟喷出。遗憾的是，我们带的烟已经抽完，从今天开始将不得不忍受“前门”的味道。

下午 2 点半，吃过午饭后，我们再次前往东端的石窟，接着进行未完成的工作。

黄昏，中午时分的春日情调已无影无踪，令人内心寂寞，周身寒冷。天空像十一月下旬筑地[①]河岸的天空一样阴沉。

夜里，我们提着洋灯，对睡女图和弓箭图进行了写生。

---

①筑地：日本东京都中央区隅田川河口附近的地区。——译者注

九月十八日

（一）

【西方诸窟】从今天起，我们将对西方诸窟，也就是沙畹所谓的“西方石窟群”进行考察。根据沙畹对云冈石窟的区划，西方石窟群是第十窟（今第 14 窟）以西诸石窟的总称。

另外，根据沙畹的区划方法，由东至西是第十至二十窟（今第 14 至 21 窟），第二十窟以西的一些规模较小的石窟则按英文字母顺序命名。

在此，请参考西方石窟群的平面图（图二十三）。由于只是随手创作的草图，其中第十一窟（今第 15 窟）和第十二窟（今第 16–1 窟）的位置并没能明确表示。

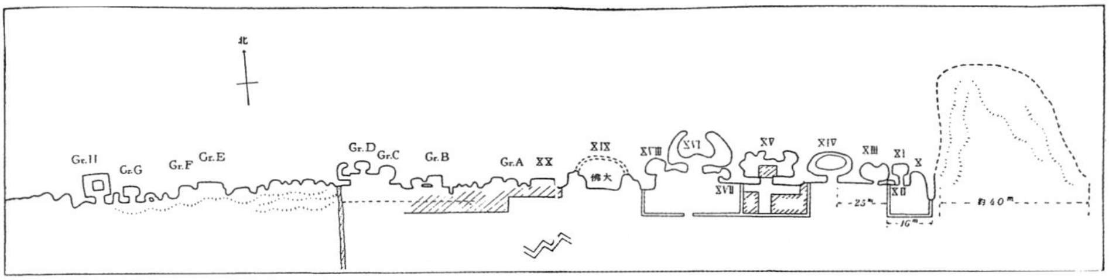

图二十三　西方诸窟平面图

【第十窟（今第 14 窟）】位于第九窟（今第 13 窟）西侧土墙以西约 40 米处（此处为南北走向的谷地）的断崖最东端，它们的位置关系在之前的平面图上略有所示。另外，关于第十窟（今第 14 窟）、第十一窟（今第 15 窟）和第十二窟（今第 16–1 窟）的外部整体景观，请参考其外观图（图二十五的右部）。图中右侧的土墙便是第九窟（今第 13 窟）的西界。

如图所示，第十至十二窟（今第 14 至 16–1 窟）的前面筑有土墙，窟中已成为农民的家舍，这给我们的考察带来诸多不便。特别是有几条恶犬，它们不仅咆哮着威吓我们，甚至面露凶相向我们步步逼近，我们的工作因此而难以顺利进行（摄图七十七最右侧的石窟）。

图二十四　第十、十一、十二窟（今第 14、15、16–1 窟）前景

翻过农家的墙壁走到尽头，第十窟（今第 14 窟）便展现在眼前（摄图七十八）。此窟东西长约 11 米，纵深约 7 米，在堆满柴禾的佛龛中，偏东的位置有一根方形立柱。立柱上雕刻着许多小佛像，它们排列整齐，就像围棋盘的格子，给人留下深刻的印象。能够感觉到，这千百年的石柱已经和农民的生活浪漫地融合在一起了。窟内西壁上布满了精美的雕刻，我们可以通过沙畹图谱第二百四十六图来领略它的全貌（另请参考摄图七十九）。

【第十一窟（今第 15 窟）】此窟已被用作农家的储物室，大门紧锁。我们透过门缝观察它的内部，并没有发现什么值得记录的事物。窟的面积很小，高约三四米，呈四方形（摄图七十七中右起第二个石窟）。

【第十二窟（今第 16–1 窟）】这是位于第十一窟（今第 15 窟）和第十三窟（今第 16 窟）之间的一个开凿较浅的小石窟，然而其中却有许多造型精美的佛像（摄图七十七中右起第三个石窟。沙畹图谱中有数张关于此窟的精美照片，分别是第二百四十七、二百四十八、二百四十九、二百五十、二百五十一）。

本来石窟的正面墙壁有 9 个、左右两壁分别有两三个的佛龛；然而，如今洞窟中央搭着堆满柴禾的棚子，有些佛龛已完全损毁，沙畹及大村图谱中此窟的全

图二十五　西方第十四窟（今第 17 窟）前面

貌已然不复存在。佛像或结跏、或盘腿而坐，它们的容貌都十分可爱。

此洞窟以西的诸佛像大概都是这样的容貌，可是这里的佛像却最为典型（摄图十四、十五）。

【第十三窟（今第 16 窟）】最初，我按照沙畹的方法将石窟对号入座的时候，怎么都找不到第十三窟。我想这也情有可原。尽管此窟南北长约 9 米，东西宽约 15 米，是名副其实的大洞窟；但是，它已经被用作农家的仓库，其入口勉强只有 1 米宽，一半被埋在地下，地上的部分被瓦石塞满，所以很难找到。我们拆除了瓦片和石块，像狗一样匍匐着进入洞窟底部（摄图七十七右起第三个石窟）。洞窟正面有一尊巨大的佛像，其左右并列着许多大佛。尽管损坏严重，但仍然难以掩饰它们飒爽的风采。另外，在东西壁面上还雕刻着千佛像（摄图八十）。

【第十四窟（今第 17 窟）】此洞窟面积很大，其中有一大半被结跏大佛所占据。

为了更好地说明此窟的位置，我将附近的断崖及窟前的景象都画在了图中（图二十五中央）。我们可以从石窟上部的采光明窗，细致地观察到大佛的头部（摄图七十七左起第二个石窟）。

另外，石窟入口处的东西壁面上有十分精美的雕刻（摄图八十一、八十二）。

【第十五窟（今第 18 窟）】此窟也被土墙所包围，与农家相邻，已成为农家的一部分。当我们靠近的时候，引起猛犬一阵狂吠，就连这家容貌姣好的小女孩们都无法制止。

农妇将门打开，让我们进来（摄图七十七左端）。石窟内前方被瓦片砌成的墙壁分割成两三个部分。入口处放置着石磨，窟内建有两间屋子。西面是厨房，东面是柴房。正因如此，我们无法细致地观察到沙畹、大村等人图谱中的窟内雕刻。可是这里确实有一些优秀的作品。

石窟平面呈不规则的长方形，东西长约 17 米，南北长约 6 米。中间 4 米乘 2.5 米的部分高于地面，两侧是狭窄的通行道路。

特别是被用作厨房的洞窟西侧，有一两尊位于佛龛里的坐像，其容貌极为精美端严。其中一尊如图二十六所示，它高约 4.3 米，面容圆润，鼻梁隆起，眉目及嘴唇均展现出一种令人无法言状的亲切，是我们心中所能想象到的最为庄重的形象。

图二十七所示的佛像是位于墙壁上层远处的一尊小佛像，其目含笑意、面容丰满。遗憾的是我们未能传神地将它的形态描绘出来。

图二十六　西方第十五窟（今第 18 窟）佛像

图二十七　西方第十五窟（今第 18 窟）小佛

这些佛像的面部形态与其他窟中典型的北魏佛像有很大差异，可以说和后来流行于唐时代的具有丰满脸庞的佛像有相似之处。它们并没有犍陀罗、中印度、中亚雕刻艺术的味道，如非要追本溯源的话，或许有几分中印度艺术的特点。

此窟中还有七尊大型佛像，其中位于中央的是一座巨大的立像，其两侧分别有三尊面朝南方站立的胁侍。

摄图七十七　西方石窟 自第十至十五窟（今第 14 至 18 窟）

摄图七十八　第十窟（今第 14 窟）前景

摄图七十九　第十窟（今第 14 窟）西壁上部

摄图八十　第十三窟（今第 16 窟接引佛洞）东南隅壁

摄图八十一　第十四窟（今第 17 窟普贤菩萨洞）内部

摄图八十二　第十四窟（今第 17 窟）门口拱腹东侧

摄图八十三　第十五窟（今第 18 窟）上窗拱腹东侧

摄图八十四　第十六窟（今第 19 窟中洞宝生佛洞）内部

摄图八十五　第十七窟（今第 19 窟东耳洞）门口拱腹东侧

摄图八十六　第十七窟（今第 19 窟东耳洞）北壁左胁侍

摄图八十七　第十八窟（今第 19 窟西耳洞）东北壁右胁侍

摄图八十八　西方石窟之一 自第十至二十窟（今第 14 至 21 窟）

摄图八十九　第十九窟（今第 20 窟白耶佛洞）概观

摄图九十　第十九窟（今第 20 窟）露天大佛本尊

摄图九十一　第十九窟（今第 20 窟）露天大佛本尊头部

摄图九十二　第十九窟（今第 20 窟）本尊背光细节

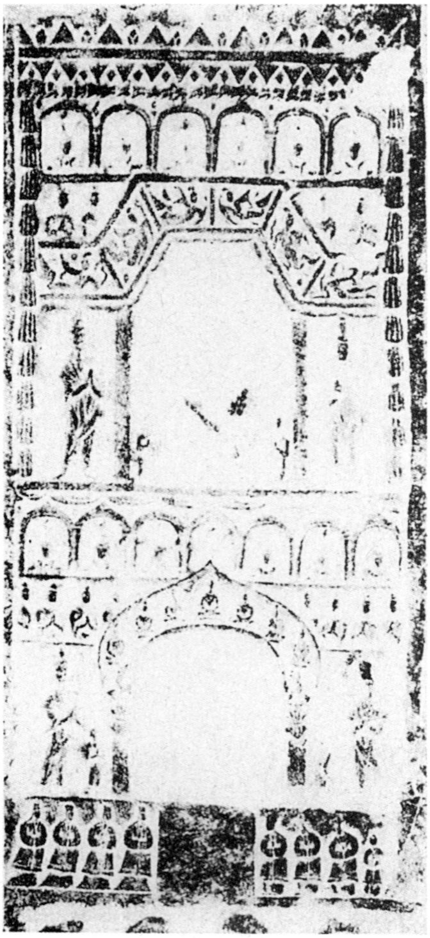

图二十八　西方第十七窟（今第 19–1 窟）东壁的拓本

九月十八日

（二）

【第十六窟（今第 19 窟）】洞窟中央有一座巨大的结跏佛像，因此其平面呈向北张开的“凹”字形。洞窟左右直径约 17 米，窟前壁至“凹”字形最深处约 10 米。入口约有 4 米宽，在入口两侧宽约 2 米的壁面上雕刻着许多精美的佛龛。此窟两侧分别有一个较小的石窟，沙畹将位于东侧的称为第十七窟（今第 19–1 窟），西侧的称为第十八窟（今第 19–2 窟）。

第十六窟（第 19 窟）窟前是被低矮的土墙所围起的菜园，入口处还有一间砖瓦盖起的小磨坊。

在石窟东西两壁围成的拱顶之上，雕刻着如棋盘一样排列整齐的小佛龛，给人一种壮美的感觉。摄图第四便是此窟入口西侧壁面上群像的照片，它们损毁极少，展现出最为典型的北魏佛龛造型。

【第十七窟（今第 19–1 窟）】窟中有两尊高大的立像，引人注目。其中一尊的面部形态极为特殊，在目前观察的诸石窟中是独一无二的（摄图八十六、图五）。它的形象具有男性特征，同时还显现出印度人的容貌特点。

【第十八窟(今第 19–2 窟)】一尊巨大的坐像占据了整个石窟的西壁面(摄图五、八十七）。在其双足之间及洞窟左侧呈弧形的前壁上，有许多美丽的浅浮雕（摄图十三）。

其中之一就是图二十九所示手持香炉的人物，另外一尊位于群像之中（图三十）。它们都具有人物肖像画的味道，以近代人的视觉角度是很容易领略到这一点的。

今天下午，我们对这些雕像进行了写生。

【第十九窟（今第 20 窟）】这就是云冈著名的露天大佛所在的石窟（摄图一至三）。与其称之为石窟，倒不如说是一座巨大的佛龛。窟前直径约 23 米，绝大部分被结跏大佛的膝部所占据。另外，在大佛后方还有一条弧形的通道（摄图第八十八、八十九）。

此大佛一定会被世人瞩目，其艺术性、起源、传统等许多问题都将成为需要研究的问题。然而，我却未能被它深深打动（摄图九十、九十一）。

大佛的背光上雕刻着十分精美的小佛像，它们仿佛有笈多艺术的味道（摄图九十二）。在云冈石窟中，最为破旧的洞窟或许就是与第二十窟（今第 21 窟）比邻的这几座规模较大的石窟[①]吧。

图二十九　第十八窟（今第 19-2 窟）前壁面的浮雕人物拓本

图三十　第十八窟（今第 19-2 窟）群像的一部分

①位于露天大佛西侧，今编号为第21至29窟。——译者注

图三十一　第十八窟（今第 19–2 窟）西壁下方雕像

【第二十窟（今第 21 窟）】这是一座面积较小的石窟，上下两层刻有佛龛，其中雕刻着三尊造像。另外，还装饰着许多小佛龛（摄图八十八左端及九十三）。

从此向西，除了一座拥有塔柱的较大洞窟外，其余均是规模较小的石窟。沙畹虽然将它们编号为 A 至 H（今第 22 至 39 窟），但实际上洞窟的数量远超这些（摄图九十三至一百〇五）。

这些石窟规模很小，也没有经历过后世的重修，自然任其荒废。但是，其中却有许多值得被我们关注的作品。我们怀着对六朝佛像的固有概念，对它们进行了悉心的考察。

A、B、C……以西的这些石窟，时至今日仍没有被我们准确定位。

今天下午，我们制作了第十七、十八窟（今第 19–1、19–2 窟）中佛像的拓本。另外，又对第十八窟（今第 19–2 窟）中的群像进行了写生（图三十一）。没有比制作拓本更艰难的事情了，风吹来的时候纸张就会翻起，岩石表面粗糙的话，纸张又极易损坏。

期间，穿着洋装的中国绅士和夫人带着一大群随从来到我们工作的石窟前，人声嘈杂，犬吠不止，乌鸦和鸽子都惊叫着四散而去。

小白今天再次返回大同，回来的时候已是晚上了。

夜晚，我们在屋里工作的时候，寺里的僧人前来，按之前的约定，将第七窟（今第 11 窟）中云冈唯一的碑铭拓片赠予我们。然后还写了纸条给我们，以此表达他们的好意：“二位先生台鉴，所言碑文一节请注意，现在镇守使派人保存，一概不准随便送人，因阁下贵国来此路远，惟爱古迹，吾将此纸敬送一张可以免言，如本国人知晓，与名誉上最不喜欢。”虽然语句不畅，但大致意思还是能够明白。

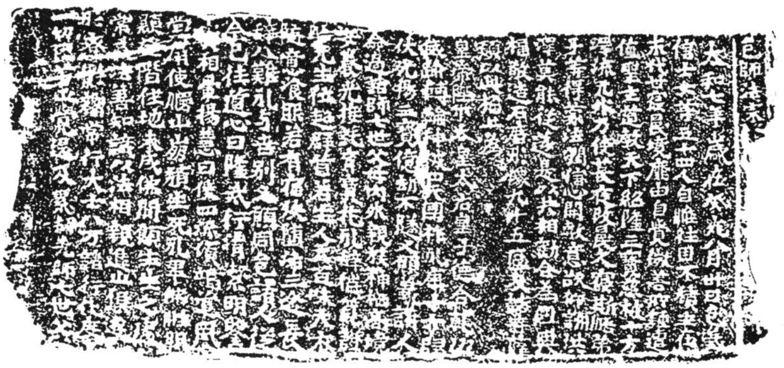

图三十二　第七窟（今第 11 窟）东壁碑文拓本

图三十三　第七窟（今第 11 窟）内部拓本

因铭文碑面磨损显著，我们未能完全明白拓本（图三十二）上碑文的内容。以下，根据常盘、关野两人的研究，将碑文完整抄录。

“邑师法宗……太和七年，岁在癸亥，八月卅日，邑义信士女等五十四人，自惟往因不积，生在末代，甘寝昏境，靡由自觉。微善所钟，遭值圣主，道教天下，绍隆三宝，慈被十方，泽流无外。乃使茷夜改昏，久寝斯悟。弟子等得蒙法润，信心开敷，意欲仰訓洪泽，莫能从遂。是以共相劝合，为国兴福，敬造石廟形象九十五区及诸菩萨。愿以此福上为皇帝陛下、太皇太后、皇子，德合乾坤，威逾转轮。神被四天，国祚永康，十方归伏，光扬三宝，亿劫不隧。又愿义诸人、命过诸师，七世父母，内外亲族，神栖高境，安养光接。托育宝花，永辞秽质。证悟无生，位超群首。若生人天，百味天衣，随意飡服，若有宿殃，堕洛三途，长辞八难，永与苦别。又愿同邑诸人，从今已往，道心日隆，戒行清洁，明鉴实相，晕扬慧日。使四流顷竭，道风堂扇，使慢山崩颓，生死永毕，佛性明显，登阶住地，未成佛间。愿生生之处，常为法善知识，以法相亲，进止俱游。形容影响，常行大士，八方诸行，化度一切，同等正觉，逮及累劫先师七世父。”

〔追记：后来又在第七窟（今第 11 窟）中发现了如图三十三所示的浮雕。〕

九月十九日

晴天暖阳。

今天，我们再次进入第二窟（今第6窟），对中央塔柱正面大佛前的两三尊与人等高的菩萨进行了写生（参考九月十二日的日记）。木村将菩萨的泥塑剥去后，美丽的少女面容完全展现在我们面前。菩萨的高度从足底至头部计算大约有1.8米。

这些菩萨中，有的举起手臂，呈现出舞蹈的形态。

在塔柱东西两侧及后侧，均能看到与其相似的造像，但都损毁严重；或是因拙劣的修补而面目全非。

西侧的两尊造像，尽管在微弱的阳光下显得模糊而蒙眬，但在我们的画中，它们的形态依旧被传神地展现出来。一尊合掌直立，位于后方的另一尊则右手举过头顶，左膝微屈。后来，我们提着灯仔细地观察它们，才发现其面部涂着厚厚的泥皮，显然被重新修补过。

小白帮我们制作了窟内释迦牟尼传记图纹饰的拓本。

今天，有四个参观者和一个乞讨者来过这里。下午4点的时候，是我们的休憩时间，大家一起吃了一个西瓜。

黄昏时，我们对第四窟（今第8窟）内入口处拱顶上方的群像开始进行素描写生。

素描结束，我们又做了一些测量工作。

阴历八月初八夜的月光皎洁明亮，我们和小白在寺僧的陪伴下，散步在寂寥的夜路，一直走到丘陵最南边。在那里，我们放声大喊，还第一次听到小白唱起戏曲。那曲调十分悲愁，以后若能再次听到这首戏曲，我一定会想起今夜的事情。

回去的路上，行走在院门紧锁的村落的街头，我反复地唱着同一首歌。返回寺中，我的心中泛起游子之情，登上钟楼，再次在月下低唱起来。

还有些时间，我就在日记中谈谈修复雕像的事情吧。

第一步，在雕像表面贴上一定厚度的纸，然后在纸上涂色并把眉毛眼眶等勾画出来。第二步，在原造型表面涂上厚土，或者用塑造好的某一部位进行局部修复。

色彩或是褐色、或是金色。如果过分花哨的话，就会使雕像变丑。特别是描画眼裂及点睛的时候，如果将眼裂的幅度增大，就会使原有的圆润微合的上眼睑完全丧失感情。如果这时再将眼角上扬，那么佛像就会显现出冷酷的表情。

如果洞窟的雕刻被大面积损毁，比如第七、八窟（今第 11、12 窟），这往往需要在整个壁面上重新作画。可对它们修复的时候，绘画的主题已变成道教式的人物像。工匠们在修补本尊大佛头部等处的时候，也多少赋予了一些喇嘛教式佛像的特征。

九月二十日

今天，我们临摹了位于东方菜园中的石窟里的人物石柱，并拍摄了附近的全景图。另外，对东方大窟（今第 3 窟）进行了测量。

从早上起，天空就一直阴沉着，周身感觉到有些寒冷。午后，许多参观者从大同府而来，其中有些人还穿着广目屋乐队①似的奇怪的衣服。

东方大窟比我们预想的还要开阔。窟中除了雕塑着三大佛像之外，还有很多造像尚未完成，它们经历了千百年的时间，一直留存至今。

此外，我们还对东端石窟中雕刻着龙纹的拱顶进行了写生（图三十四）。

图三十四　东端第一窟入口拱顶

黄昏时分，天空阴郁，不见太阳。只有西方近山的天际，残留着蒙眬的淡黄色，似乎告诉我们那是日落的地方。微弱的光影，反射在东端石窟前的片片水洼中，笼罩着西方的露天大佛，变成了这荒郊寒村凄凉的远景。所有的一切风景都蕴含着怀古的忧伤。

此地此景，以明朗的黄赭色为主色调，不论是田园、农家还是土墙，均蕴藏着这种色彩，只有些许绿色像釉药一般点缀其中。可以称这里是“素烧的村庄”或是“桂兴釉的田园”。整体而言，全村就像是一个大型陶器。

夜晚，我们提着洋灯去第五窟（今第 9 窟）以后的各个石窟，将明天要制作拓本的地方指示给小白。就在那时，我们偶然发现第五窟大佛背后有一条低矮的隧道，更使人惊奇的是，其墙壁上雕刻着人物群像。与其说是群像，倒不如说是群像的痕迹。数十尊略比人矮的雕像并列于此，其上方更是极尽奔放地雕刻着两

①广目屋是日本一家广告代理商，始建于1888年，最初以做“乐队广告”而闻名。——译者注

层飞天群像。若是壁面没有损毁得如此严重，它或许能够和龙门宾阳洞相提并论。在这样昏暗的地道中雕刻出与人等高的人物像，也许古人并没有站在供人欣赏的角度去创作它。或者，在它没有被破坏的时候，在微弱的灯火映衬下，能够展现出独具别致的印象也未可知。

幽暗的石窟中，突然出现人声和灯光，使得麻雀们都惊慌地向外飞去。这个时候，我很容易地捉到了一只。

与第五窟（今第 9 窟）相同的是，第六窟（今第 10 窟）和第一窟（今第 5 窟）大佛背后均有一条布满雕刻的隧道，其印象与上述相同。

北魏工匠的思想，我们已经有所领会。因此，今后在研究中国古代佛像学的时候，或许就不会再对北魏艺术思想产生误解或恶评。

这些佛像的艺术韵味，往往比我国的古代推古艺术更使人感到亲切，进而令人内心产生感动。古人并未单纯地塑造佛像，而是在佛像身上融入了人物像的自由风格，为我们这些后世的享受者带来了无尽的欢喜之情。

这些艺术品是质朴的，充满了人的气息。

雕像的创作者、具有艺术气息的北魏人，仿佛与我们像朋友一样亲近。他们的心境也能够被我们所理解。

但是，恐怕当我下次去奈良，面对那里的古老雕像时，只能怀着与现在不同的心情，带着微笑去欣赏它们了。

今日午后，我给故国的亲友寄出了信件。

我们的生活是每天早上馒头加两个菜，中午三个菜，晚上往往超过四个菜。今天一天，我们两人吃了 25 个鸡蛋，厨夫听说后都笑了。菜以鸡肉、猪肉以及它们的内脏为主。今天让厨夫做了糖熘山药，但不怎么好吃。果酱我们用的是“Hoodleys Proprietary Ltd.”这个牌子，味道也不好。烟草近来只有“前门”，咖啡也喝光了，现在只能喝中国产的红茶。只要能习惯不清洁的食物就好，营养不足倒不在乎。早饭是 8 点半左右，午饭是 2 点至 3 点，晚饭是 7 点。

服装的话，由内至外分别是夏冬内衣各一件、俄式衬衫、夏季的西服，最后是外套，帽子是作业用的安全帽。下面是皮革的护腿和皮靴。即便这样，夜里还是会感到寒冷，所以我们还得披上两三层毛毯，把自己裹起来。

寝具很少，常常不能安睡。有时早上起来关节还会疼痛。

九月二十一日

上午，我们对第一窟（今第5窟）那尊手持香炉的菩萨进行了写生。午饭后，做了第五、六、七、八、九窟（今第9、10、11、12、13窟）的测量工作。休息时间吃了一个西瓜。另外，临摹了西方第十六窟（今第19窟）大佛的面部形态，并制作了以第九窟（今第13窟）和第十窟（今第14窟）之间的山谷为中心的窟前平面图。

晚饭后，我和木村、小白以及厨夫一起，提着洋灯和蜡烛，带着摔炮，去东方大窟里捕捉鸽子。一点光亮和声音就使得30多只鸟惊觉而飞，然而它们不是鸽子，是红嘴乌鸦。

小白扔出去的石子击中了一只，这黑色的怪鸟就像中国鬼怪故事中鸟形的妖怪一样，扑闪着翅膀坠落下来。今夜我们将它监禁在关帝庙里。

今天天气晴朗，很暖和。我将两件衬衣脱下清洗了，还用开水擦拭了身体。

夜里风起云聚，听得见风铃作响。

说一说发生在今天午后的一件稀奇趣事吧。我走在乡间小道的时候，恰巧前面有一个女人也在脚步轻盈地行走着。她穿着污浊又宽大的格子上衣和黑色的裤子。或许是察觉到身后有人，所以回头向我看来。毫不夸张地说（之后我向木村作了保证），那是一张令人惊讶的美貌容颜。那种美已然超越了世俗的好恶，会使人油然而生一种尊敬之情。衣服的好坏、人种的不同，此时此刻已无关紧要。

其实，我早就注意到村里有许多长得好看的男孩女孩。这是一种普遍现象。

看来她已经感知到我惊讶的原因，再三地回头看。她一定自知容貌美丽，所以屡屡回头并非出于对我的不满。

从面部形象来看，可以将云冈的佛像分为几种类型。

第一，最为典型的就是第十九窟（今第20窟）的露天大佛（摄图三、九十、九十一）。

第二，东方大窟（今第3窟）的三尊佛像（摄图七十二至七十四）。尽管与第一种相似，但彼此韵味颇为不同。

第三，西方诸窟特别是A窟（今第22窟）以后石窟中所见到的菩萨形象（摄

图九十九至一百〇二）。最值得考究的就是第七窟（今第 11 窟）前壁大佛的容貌（摄图六十三）。它们当中另有许多融合了其他造型特点的雕像。

第四，如图二十六所示的唐代风格造像。

第五，如图三十和摄图十三那样，具有人物肖像特点的雕刻。

其他怪异的造型，有人形石柱上的鬼怪面孔。整体而言，它们均是脸颊丰满的童颜形象，但目瞪如炬，而且眉间紧锁。另外，还有像土耳其红髯大汉一样特有的形象，位于第二窟（今第 6 窟）中央石柱的侧面。此外，还有一处是犍陀罗美术中的婆罗门形象。还有一些仅存的特殊造像，比如第十七窟（今第 19-1 窟）中如印度人容貌的雕像，以及第二窟（今第 6 窟）天井处的犍陀罗艺术中的人物形象。

关于服饰、衣褶的类型，日后得闲，再另行记述。除此之外，动物的种类，比如象、马、牛、孔雀、犬、狐狸；造像手持之物，如香炉、三叉戟等；另外，手的形态、四肢的姿势、结发的方式、塔柱的形状，以至于雕塑中存在的建筑要素和纹饰等事情十分繁杂，尽管很想详细说明，但不得不在此省略。

每个石窟中所呈现的佛像渊源，或者其艺术思想，如今都无法详尽准确地予以论述。

九月二十二日

前天以来，木村一直在对第二窟（今第 6 窟）西壁的演奏乐团进行素描绘画。无论如何，那整幅画面的确令人叹为观止。

今日，我的工作是对第一窟（今第 5 窟）后室佛像的容貌，同一壁面上白象所背负的五重塔，第五、六、七、八窟（今第 9、10、11、12）等佛像的衣褶，第七窟（今第 11 窟）前壁大佛，第十三窟（今第 16 窟）佛像等进行写生绘画。另外，还发现了第二十窟（今第 21 窟）以西的各个石窟。

我们的工作与村民的生活已经变得十分融洽了。特别是看到那些骨骼俊美的少年、容貌可爱的儿童，我的心中就会产生同情怜爱。

十五夜将近，今晚的月亮清澈明亮。

九月二十三日

日落前的半个小时的确是极为珍贵的时间。我对由沙畹命名的 E、G、H 等窟进行了步测及卷尺丈量，另外，还对山下田间农夫们的生活进行了绘画写生。起先，有两头驴沿着圆形的石磨在碾磨谷子。卸驴之后，人们在石磨周围做清理工作。有的拿着大扫帚将碾好的谷子收拾起来，并把谷穗捆好堆积在一旁。有的用簸箕在筛谷子。如此遥远且无声的活动，使得素烧般的村庄更加闲寂，使得黄昏时分的我心潮澎湃。

对面丘陵的上空，最初呈现出翡翠绿的色彩，其上方有青黑色的云层在涌动。此时，云不安分地飘散着，不一会儿，雨滴啪嗒啪嗒地从远处传来，瞬间便落在了我的画板上。我急忙将画具收拾好，山下的农夫也加快了他们劳作的步伐。

正如霍夫曼斯塔尔的叙景诗中所描绘的那样，此时，有两人骑着快马，在田间的小路上急速而过。

我一边躲避着狗，一边走上了大道。在趁着薄暮返回住处的途中，遇到很多头驴。在这有 70 余户人家的村庄里，这些动物不仅带来些许喧闹，更被视为极其重要的农作工具。

雨下得不大，只是乌云在急速地移动着。石佛寺前大杨树的枝头，聚集了百余只麻雀，嘈杂不已。不久，数十只红嘴乌鸦扑扇着雄劲的翅膀从四面飞来，在低空无序地飞翔着。我想象着，在它们中会不会有《聊斋志异》里那一对温柔的鱼客、竹青夫妇呢？

我坐在门前的矮墙上，瞻望着那些鸟儿。天色尚未昏暗，仍有些许薄光，趁此之时，我又来到第七窟（今第 11 窟）前，对那尊庄严的推古型佛像颜面进行了写生。昨天上午我曾去过那里，那时光照强烈，并没有绘画效果。

而此时的微弱阳光，将其绘画效果很好地展现出来。可是当我把它画在纸上的时候，却毫无传神可言。这尊佛像的神韵，若非亲身观赏，是无法体会到的（图六十五）。

【A 窟（今第 22 窟）】（图二十三平面图、图三十五）此窟有两尊推古式佛像（摄图九十四、九十七）。

【B 窟（今第 29 窟）】X 式衣裳的倚像。另外还有犍陀罗式衣褶的小佛（摄

图三十五　西方 A 至 G 诸窟（今第 22 至 37 窟）（由右至左）

图九十四）。

【C 窟（今第 30 窟）】几乎保存完整的推古式精美佛像。

【D 窟（今第 31 窟）】从第二十窟至此大约 42 步。此间有墙壁，越过墙壁便来到下一窟前（摄图九十八、九十九）。

【E 窟（今第 33 窟）】我们将此窟的两尊佛像称之为“被砍的与三”①。一尊是身着 X 式衣服、面容美丽的直立佛像；另一尊佛像站在左侧，屈腰合掌。面相上看有些许狡猾的神色。

【F 窟（今第 34 窟）】此窟中有尊小型的“被砍的与三”。

【G 窟（今第 37 窟）】摄图一百〇五右边的佛像。

【H 窟（今第 39 窟）】此窟入口约 2 米，窟内是边长为 6 米的正方形。窟中央立着方形的塔柱（摄图一百〇一）。东西两壁上，刻着许多小佛龛，龛中均坐有小佛（摄图一百〇二至一百〇四）。

H 窟以西还有许多小洞窟，但其中并未发现值得关注的事物。

①日本江户时代的歌舞伎剧目。——译者注

摄图九十三　第二十窟（今第 21 窟）东壁

摄图九十四　西端 A、B 窟（今第 22、29 窟）附近外观

摄图九十五　西端 D、E 窟（今第 31、33 窟）间废洞

摄图九十六　西端 E、F、G、H 诸石窟（今第 33、34、37、39 窟）外观

摄图九十七　西端 A 窟（今第 22 窟）附近小洞西壁

摄图九十八　西端 D 窟（今第 31 窟）附近小洞西壁

摄图九十九　西端 D 窟（今第 31 窟）西壁上部佛龛

摄图一百　西端 E 窟（今第 33 窟）西北壁

摄图一百〇一　西端 H 窟（今第 39 窟）（西塔千佛洞门口）

摄图一百〇二　西端 H 窟（今第 39 窟）（西塔千佛洞）门口拱腹西侧

摄图一百〇三　西端 H 窟（今第 39 窟）门口拱腹东侧

摄图一百〇四　西端 H 窟（今第 39 窟）藻井西侧

摄图一百〇五　西端 H 窟（今第 39 窟）以西一座石窟

图三十六　第三窟（今第 7 窟）东胁侍背光上的小佛像

九月二十四日

【第三窟（今第 7 窟）】今天首次走进第三窟（摄图五十一至五十三）。和占用此窟的农民商量之后，我们终于进入了洞窟的后室，那里保存着令人意想不到的精美雕刻。就整体印象而言，它与第四窟佛籁洞相似，使人觉得它们就像是姐妹窟一样。入口拱顶下部的两侧墙壁上，雕刻着飞天以及三头四臂的神怪，与第四窟相同位置的雕刻相对称。然而，此处的神怪却没有骑乘牛、鸟等动物。拱顶的拱腹上还刻着珊瑚树形的树木及童子。

后室的前壁上并列着三列佛龛，其中各坐着一尊大佛。左右壁面也是如此。

北壁分为两层。上层佛龛中立着三尊佛像：中尊及左右胁侍。下层有两尊佛像，但已经被严重破坏。

此窟天井同第四窟（今第 8 窟）相同。

窟中还有一根人像石柱，上面雕刻着全身赤裸的童子。童子的体态与欧洲中世纪的艺术作品有相似之处。

晚饭后，我拉着寺僧，学习了一些当地的方言。此地方言与北京话确实有很大差异，最显著的特点就是没有前鼻音。

九月二十五日

今日是旧历八月十四。上午开始，我们对第二窟（今第 6 窟）飞天演奏团的写生画进行了修补，直到下午 5 点，才最终完成上色工作。

之后，我们登上三层楼阁，再次用画笔描绘了山门前的村庄，以及更远处百姓的生活。

夜里和寺僧交谈，他们讲述了近 20 年来，曾寄宿在这里的我国学者伊东、塚本以及沙畹的考察故事。

九月二十六日　大同

昨夜异常寒冷，我们的衣着已略显单薄。再加之毛毯也污浊不堪，所以是时候该离开此地了。

上午，带着照相机去西方诸窟摄影，至于洗出照片的效果如何，我心里也没底。

午后，又下起雨。吃过午饭，我们乘坐马车，于2点半返回大同。之后，再一次成为东华客栈的旅客。雨中，我们撑起雨伞，参观了大同府。最繁华的地段，莫过于武定街（北）、永泰街（南）、清远街（西）、和阳街（东）的交汇处。在和阳街的道路一侧，有一座规模宏大的影壁，由大型的琉璃片砌成，九条巨龙跃然壁上。这琉璃工艺真是令人叹为观止。

不知不觉，已叙说了很多。关于云冈的记录就到此为止。

云冈佛窟的名称

云冈各石窟不知于何时被逐一命名，如今沙畹和关野又分别将它们编号。然而两人计算起点不同，因此编号顺序无法合而为一。在此，我将三种命名方式进行对照说明。（追记：此处说明是本书再版时，参考关野、常盘二位博士共著的《中国佛教史迹第二卷解说》修改而成。于备考处，摘录了其解说原文。）

区域	关野、常盘二位博士	沙畹	石窟名称	备考
第一区东方诸窟	第一窟（东塔洞）	东方窟（沙畹将东侧的诸石窟并称为东方诸窟。我在书中将此窟称为东方第一窟。以下所述以此为准。）	石鼓洞	位于云冈石窟最东端。面向西南。窟平面前方为二十尺九寸，后方平面为二十八尺四寸八分，东侧面为三十尺八寸，西侧面为二十九尺七寸，呈不正规的四方形。天井高约十八尺。窟内中央雕有二重塔婆（塔）。窟内后壁有三座大型佛龛，左右两壁亦有诸多佛龛。腰壁上有佛传浮雕，今破坏严重。
	第二窟（西塔洞）	东方窟（东方第二窟）	寒泉洞	毗邻第一窟西侧，面南。其平面为长方形，前面二十四尺，后面二十六尺，东侧三十五尺，西侧三十二尺。窟中央有三层塔婆直通天井。四壁雕刻佛龛，与前窟类同。
	第三窟（隋大佛洞）	东方大窟（东方第三窟）	灵岩寺洞	位于第一区西端。窟分为内、外两室。内室东西宽一百三十尺，天井高约四十尺（至少有五六尺被埋在地下）。外室东西宽一百五十五尺，天井高约十五尺（三四尺被埋没）。石窟前庭将山体壮大、高约百尺的断崖隔断。石窟左右有两处入口，上方有两处天窗。窟内有两尊大佛，只西侧一尊完成，东侧佛像尚未成型。西侧刻有三尊佛像，本尊为倚像，高约三十尺。右手呈施无畏印状，左手张开，安放于膝上。两胁侍各高约二十尺。关野、常盘二人认为：“这恐怕是隋朝人物的形象，炀帝为其父文帝建造三尊佛，其东侧石窟同样是为其母后所建。然而未想兵变遭弑，隋朝灭亡，工程也就随之停止。”
	第四窟	东方窟（东方第四窟）		前室的西侧有一处小窟。此窟东西约二十五尺，南北约十六尺，中央有长方形石柱，前后各雕有佛龛。窟内四壁上雕刻着大小佛龛及千佛，如今破损严重。此窟西方还有一处小型石窟，十尺见方，窟内雕刻已风化殆尽。

续　表

第二区中央诸窟	第五窟（大佛洞）	第一窟	阿弥陀佛洞	位于石佛寺境内东端的大石窟。窟前是一座四层建筑。窟平面呈椭圆形，东西约七十二尺，南北约五十八尺四寸，可以想象到其规模宏大。窟中央凿刻着释迦如来本尊的坐像，其高约五十五尺，两膝间为五十一尺八寸，足长十五尺三寸，手中指长七尺九寸五分。是云冈石佛中最大的一座，在中国各地的石佛中也没有能与其比肩者。两胁侍立像高约十八尺（下部约五尺被埋在地下）。壁面大致分为七层，上面雕刻着许多佛龛。
	第六窟（大四面佛洞）	第二窟	释迦佛洞	位于上一窟西侧，窟前也有一座四层建筑。窟内东西约四十六尺一寸，南北约四十六尺八寸，后壁面上有一座纵深十三尺二寸的大佛龛。窟中央为东西长二十六尺一寸、南北长二十三尺九寸的方形石柱，四面雕刻有佛龛。窟内四壁上也雕刻着佛龛。
	第七窟（西来第一山洞）	第三窟	准提阁菩萨洞	位于前一窟窟檐建筑西侧，窟前也伫立着一座三层建筑。最高层上有“西来第一山”的匾额。石窟平面呈长方形，东西约三十尺，南北约十八尺，天井高约三十尺。四周壁面上的雕刻同其他窟相同。
	第八窟	第四窟	佛籁洞	位于前一窟西侧，艺术风格也与前窟相同。石窟东西三十尺六寸，南北十九尺六寸。窟前断崖上有曾经建造过窟檐建筑的痕迹。石窟南侧有巨大的拱形入口，入口下部内侧雕刻着金刚力士，其上部东侧阳刻着湿婆天像，西侧是毘纽天像。它们的形象自然奔放，极富美感。
	第九窟（释迦洞）	第五窟	阿閦佛洞	位于上述石窟西侧，其艺术风格与下一窟相同。此窟分为前室和后室，后室东西三十六尺二寸五分，南北三十四尺一寸，释迦如来的倚像位于中央。其高约二十八尺。佛像经过后世修补已无法看到它的本来面目。前室东西三十六尺九寸，南北十三尺三寸。窟前立着两根八角柱，后室入口上方有明窗。四周壁面上有许多值得观赏的雕刻。
	第十窟（持钵佛洞）	第六窟	毘卢佛洞	此窟与上一窟构造相同，也分为前室和后室。后室东西三十七尺二寸，南北三十四尺八寸，中央台座上是一尊手持铁钵的释迦像，已经历过后世的修复。前室东西三十七尺一寸，南北十四尺二寸，与上一窟前室不相伯仲。

续 表

第二区中央诸窟	第十一窟（四面佛洞）	第七窟	接引佛洞	位于前窟西侧，平面近乎于方形。南面宽二十九尺九寸，北面宽三十六尺五寸，前后长三十三尺六寸。中央凿刻着一根东西二十尺八寸、南北十九尺一寸的方形石柱，其高约三十尺，直通天井。石柱四面各有一组高约十尺的立像和胁侍，均被重修。石窟东侧壁面上刻着太和七年的造像记。
	第十二窟（倚佛洞）	第八窟	离垢地菩萨洞	位于前窟西侧，也分为前室和后室两部分。后室东西二十一尺二寸五分，南北十五尺九寸。在高约十尺的佛坛上有一座本尊倚像，左右各有一尊菩萨，均被修补过。前室东西二十六尺三寸五分，南北十四尺二寸五分。窟前有两根奇异的石柱，上方有窗。入口左右及窗口左右各有一座佛龛。
	第十三窟（弥勒洞）	第九窟	文殊菩萨洞	位于前窟西侧，东西三十四尺三寸，南北二十七尺三寸。窟内有一尊大弥勒佛，高约五十尺，坐在台座上，两腿交叉，其宝冠直通天井。无可争议的是，这是一尊颇为伟大的作品，只是有些地方的修复令人略感遗憾。南面墙壁中段高约一丈的七尊佛像，分别代表着过去七佛。
第三区西方诸窟	第十四窟（千佛柱洞）	第十窟		此窟位于第三区东端，由内室和前室两部分组成，如今已被严重破坏。内室宽约二十尺，纵深约十尺，左右壁面上能够看到保留着一些佛龛。窟内石柱的四面上雕刻着千佛，同样已严重损坏。
	第十五窟（千佛洞）	第十一窟	导佛洞	位于前窟西侧，平面呈方形，纵横约十八尺。入口位于洞窟南面，其上方开明窗。尽管其外壁已严重破坏，但仍能够看到千佛的余影。
		第十二窟		位于前窟与后窟中间的大型佛龛，也可称之为一座小型洞窟。其四壁上有许多值得欣赏的佛龛。
	第十六窟（立佛洞）	第十三窟	接引佛洞	位于前窟的西侧，其正面有入口，上方开窗。洞窟平面呈椭圆形，东西长三十九尺五寸，南北长二十八尺二寸。佛像高约四十尺，位于莲座之上，除胸部以上，其他部分均损坏严重。

续 表

第三区西方诸窟	第十七窟（弥勒三尊洞）	第十四窟	普贤菩萨洞	其正面格局与前窟相同，平面呈有棱角的椭圆形。东西长三十六尺，南北长二十六尺一寸。本尊弥勒菩萨倚像位于方座之上，其宝冠与天井相接。此像高约四十五尺，甚是雄伟壮观。其两侧壁面上各有一座佛龛，内有胁侍。其他壁面及入口侧壁上凿刻着大小许多佛龛，洞窟上方雕刻着千佛，直至天井。
	第十八窟（立三佛洞）	第十五窟	普贤菩萨洞	正面设有入口，上方开窗，与前窟相同。窟平面呈椭圆形，极为宽阔。东西长五十四尺五寸，南北长二十三尺一寸。中央本尊佛像立于莲座之上。佛像高约四十五尺，足底长十一尺、宽四尺七寸。两侧墙壁上有胁侍立像，位置较本尊稍前。胁侍高约二十五尺，位于莲座之上。由此可知其规模的宏大。四周墙壁上凿刻有佛龛，其间充斥着千体佛。天井呈拱顶状，其上也雕刻着佛像及千佛。窟内上方窗口东侧下部有太和十三年的铭文。
	第十九窟（大佛三洞中洞）	第十六窟	宝生佛洞	并排而列的三洞中的中洞。中央安放着本尊。窟平面呈椭圆形，只有南壁为直线状。东西长六十二尺四寸，南北长三十五尺八寸。其中容纳着一尊雄伟的佛像，其高约四十五尺。正面入口上方穿凿出一扇较大的窗口，左右两侧分别有一尊菩萨立像（高约十二尺），窟内壁面上刻满了千佛。
	第十九窟（左洞）	第十七窟	阿閦佛洞	位于上述洞窟东侧的小窟，平面呈椭圆形。东西长二十四尺九寸，南北长十四尺五寸，天井高约二十八尺。本尊是一尊高约二十五尺的倚像，左右壁面上是胁侍菩萨的立像，高约十五尺。四壁及背光上均雕刻着千佛。另外，入口侧面雕刻着许多小佛龛和小佛像。
	第十九窟（右洞）	第十八窟	阿閦佛洞	位于中洞的西侧，与左洞为同样的构造。如今洞窟的西南角已崩塌。其东西长二十四尺七寸，南北约十七尺一寸，平面呈椭圆形。本尊为高约二十三尺的倚像，其背光的火焰纹饰上刻着天人行佛事的图样。本尊左右应该有胁侍，但如今右侍已荡然无存。四壁上刻满了小佛龛，洞窟外壁上也雕刻着千佛。
	第二十窟（露天大佛）	第十九窟	白耶佛洞	这就是世人熟知的“露天大佛”。因为窟前壁已经崩塌，所以呈现出露天的状态。窟中央为释迦坐像，左右应该是胁侍佛立像，但如今右侍已无形迹，只有左侍存在。本尊膝盖以下被埋没，膝至顶部约为三十三尺，因此全身高度至少为四十五尺。左胁侍立像膝盖以下被埋没，其高度约为二十尺。
		第二十窟		露天大佛西侧的小窟，分为上下两层，形成体积较大的佛龛，每层分别雕刻着三尊佛像。四壁上雕刻着小佛龛和千体佛，与其他窟相似。

续 表

第四区西方诸窟		A 窟		第三区西方诸窟以西的A至H各窟。各窟之间及小洞、小佛龛之间，多雕刻着千佛。大小佛龛有数百座，但与上述诸窟相比规模甚小，因被废弃，所以大都破坏严重。因此，很难窥探出其过去的形态。这些石窟雕刻的佛像具有六朝佛像的特征，这一点尚能确定。另外，H窟以西的小洞窟在此不再一一记述。
		B 窟		
		C 窟		
		D 窟		
		E 窟		
		F 窟		
		G 窟		
	第二十一窟（洞塔）	H 窟	西塔千佛洞	内部凿刻有五重塔。窟平面呈正方形，东西长二十尺八寸五分，南北长二十尺三寸五分，中央五重塔的底层边长为六尺六寸。塔立在佛坛上，但如今佛坛已经损毁。塔上部用方柱、三叉斗拱、人字拱连接椽子，将瓦葺模样的塔顶承接起来。由此当时的木结构风格可见一斑。

大同美术中的犍陀罗因素

我原将本文拟题为《大同佛教美术的渊源》，然而面对如此宽泛的题目，眼下却没有充足的资料用以参考论证。实际上，我必须在明天提交这篇文章，时间仓促，已无暇去研读刊登在《国华》《建筑杂志》《东洋学艺杂志》[①]上的伊东、关野、松本等人的文章。本文中诸多尚未切实核对、引用的议论，将在日后予以订正。如今，我只能凭借记忆去论述了。

最初，伊东忠太博士认为，大同美术大概属于犍陀罗艺术，换言之即是吸纳了古希腊风格的印度艺术。日本推古、奈良的佛雕艺术应该是它的分支。很长一段时间内，我们对此笃信无疑。松本文三郎博士在其著作《中国佛教遗物》中则认为，大同的雕刻并不具备犍陀罗的典型特征，而是完全同印度笈多王朝时期的雕刻相同。松本博士的论点，其立论基础仍有待完善。

遗憾的是，我对印度中部地域的佛教美术知之甚少。过去以来，在西方学者有关印度美术的研究著作中，主要以论述犍陀罗美术为主（犍陀罗位于古印度的北部），而与中部印度艺术（笈多帝国位于古印度的中部，此处应该是指笈多艺术）相关的记述或者摄图都十分稀少。

去年，我去大同参观了云冈石窟，发现许多处地方与松本博士的论说并不相符。根据《中国佛教遗物》中的《大同的佛像》这篇文章，我将松本博士的意见列举如下：

1. 沙畹所言的第六窟（今第 10 窟），是大同众多佛窟中极为重要的一座。"灵岩（云冈）第六窟的诸佛像中，位于石窟下层的雕塑（松本博士将其称为第一种造像类型）应该出自印度工匠之手，或者是在他们的指导下由技艺最纯熟的中国工匠完成的。由此推想，尽管就石窟的位置而言，这一窟并非云冈诸窟中的开山之作，但是此窟位于山腹正中央，或许是因为技艺高超的工匠们希望将最为典型的作品建造于此吧。"另外，这些立像与笈多王朝的艺术风格相近（摄图五十八）。

①《国华》，创刊于1889年，关于日本及东亚古代美术的学术杂志。《建筑杂志》，创刊于1887年，日本建筑学会的学术杂志。《东洋学艺杂志》，创刊于1881年，关于自然科学的综合类杂志。——译者注

2. 沙畹所言的第十九窟（今第 20 窟）露天大佛（松本将其称为第二种造像类型），其雕刻技巧师从于前一种造像类型，但是技艺尚未纯熟。“第一种造像并非由第二种造像发展而来，是因为之后的北魏造像风格皆源于第二种，虽然在工艺上无法完全复制，但至少在形式上一脉相承。因此，我推断，第二种造像类型的出现是对第一种造像模仿的结果，同时这种模仿本身又蕴含着创造与变化。”（摄图二、三、九十、九十一）

3. 在云冈石窟中最常见的就是松本所言的第三种造像类型。它们继承了第二种造像的形式，在此之上又附加了装饰。后期的龙门与巩县的佛像就是由此类造像发展而成的。

由上述松本博士的意见而知，第一种造像〔第六窟（今第 10 窟）〕相对地保留了印度艺术的原有风格，而第二种、第三种造像类型则是在继承前者的基础上逐步发展形成的。

在云冈石窟中，第六窟（今第 10 窟）前室下方佛龛中的雕像（摄图第五十八），总是呈现给我们特殊的韵味。第一眼望去，就能感觉到它的与众不同之处。其衣饰与其他造像有所区别，特别是隆起的小腹、双脚的轮廓都能展现出它的独特。即便不去观察其他部位，仅这些特点就近似于笈多雕塑。

但是，这些造像经历了后世的重新修复，至少其面部已被涂抹上了厚重的泥浆，衣褶也出现了深深的裂纹。因此，哪些部分是修理过的，哪些又保留了原状，我们无法轻易判断。所以，仅从外观对其进行论断是站不住脚的。另外，单就雕刻技术而言，这些雕像并不是佳作。

第六窟（今第 10 窟）中，仅有数尊佛像与笈多艺术风格相似，而其他佛像皆已具备中国化的特征。由此而言，此窟的雕像与第一、二窟（今第 5、6 窟）及西方诸窟并没有存在太大的差异。

此外，第六窟（今第 10 窟）一些作品也不是如松本所说的那样，保留了笈多艺术的原有风格，它只是具备了笈多王朝后期艺术的某些特征。

第六窟（今第 10 窟）同与其东、西相邻的第五、七窟（今第 9、11 窟）相比，在设计结构、雕刻技法上极为相近。因此，可以断定它们是在同一时期由同一批工匠建造而成。

最近在第七窟（今第 11 窟）中发现了“太和七年岁在癸亥八月卅日”的铭文。

所谓太和七年（483），仅仅是迁都洛阳的10年前。云冈造佛的工程始于太安元年（455），30年后才修建了此处的数座石窟。由此可知，第六窟（今第10窟）及其附近诸窟并不是云冈的初期作品。

松本博士认为，第六窟（今第10窟）是北魏皇室出资修建的。对于这一点，我也产生了疑问。如上述推论，如果第六窟（今第10窟）与第七窟（今第11窟）由同一批工匠建造于同一年代的话，那么事实与松本的观点就不相符合。

第七窟（今第11窟）的铭文写道："邑义信士女等五十四人……共相劝合，为国兴福敬造石庙形象九十五区及诸菩萨"云云。以此证明此窟是佛教信徒捐资修建的，虽然不能断言第六窟（今第10窟）也是如此情形，但是从第五、六、七、八各窟（今第9、10、11、12窟）极为相似这一点来看，这几座石窟极有可能均由民间出资修建而成。

从造像的技术、绘画的布局来看，第六窟（今第10窟）附近的诸窟并不是出类拔萃的，而且其规模也不大。相比较而言，第一、二窟（今第5、6窟）或是第十四、十五、十六、十九窟（今第17、18、19、20窟）规模较大，其造像、绘画均极为精美优秀。因此，无论如何我都不认为第六窟（今第10窟）及其附近诸窟是最初的作品。

我觉得，从构图的思想以及造像的技艺来考虑，沙畹所言的第一窟及第二窟（今第5、6窟）无疑是云冈诸窟中最为出众的，但是，至于它们是否是云冈的早期作品就不得而知了。

另据《魏书·释老志》："昙曜白帝，于京城西武周塞，凿山石壁，开窟五所，镌建佛像各一，高者七十尺，次六十尺，雕饰奇伟，冠于一世。"我认为沙畹所言的第十三、十四、十五、十六、十九窟（今第16、17、18、19、20窟）正是这书中提及最早的五座石窟。这五窟均规模庞大，而且能够体会到，各窟的本尊大佛身上倾注了工匠们的全部心血。

如果我的推测是正确的，那么松本博士所说的第二种造像类型，即这五窟的佛像才应该是最初的作品。我觉得从修建时间来分析，是比较稳妥的论证方法。

对我而言，松本博士所谓的第一种造像可以被忽略不谈，而第二种及第三种造像实则又能够细分为许多类型。然而，在无法界定各窟的修建时间，区分何为初创型或何为继承型的情况下，对佛像进行分类并不是件容易的事情。

将云冈佛像直接同印度佛像进行比较是不合理的做法，不能仅仅因为形似，就视之为笈多艺术，形不似就视之为中国化的产物。

尽管我更倾向于将松本博士所言的第二种造像类型视为云冈最初建造的且极为重要的作品，但是由此便会产生一个问题，就是：这些造像是如何产生的？它们发源于何种艺术风格？时至今日，我们都无法给出准确的解释，只能或多或少地予以猜想和推测。

大村西崖认为：它们既不是印度风格，也不是中国风格，且与中亚的佛像存在差异，实际上是拓跋氏族理想中的大丈夫形象。他的推论尽管别出新意，但是若真如此，难道佛像是根据工匠的臆想创作而成的吗？

诚然，这些佛像具有中国化的特征（并不意味着汉化①）。但是，果真与印度的造像艺术不存在任何联系吗？就此问题，我最近想到了一些事情，只是考虑尚未完善，不便急于发表。

综上所述，松本博士认为大同的佛像来源于印度笈多艺术，然而其著作《中国佛教遗物》所提出的论证却并不坚实可靠。

关于笈多王朝的佛像艺术，我自认学识尚浅。在云冈考察的日子里，我时常能够在一些雕像身上发现犍陀罗艺术的影子。因此，我倒觉得云冈的雕像发源于犍陀罗艺术，并在其基础上被赋予了中国化的特征。所以，那时我倾向于犍陀罗说。

我曾拜访过东京大学工学部建筑科的关野博士，博士给我看了他在印度拍摄的许多照片。

其中，占绝大部分是印度中部，特别是公元 4、5、6、7 世纪笈多王朝时期的佛像雕塑影像。我在欣赏照片的同时，受到了博士悉心的讲解，进而对笈多的雕刻艺术有了初步的认识。

一直以来，我对印度佛像的认识始终处于蒙昧的状态，但是随着能够分辨出各种佛像雕刻的差异，我不得不放弃了将大同佛像完全视为犍陀罗艺术的想法。无法否认，大同的佛雕确实与笈多艺术相近。

---

①作者并没有解释文中“中国化”和“汉化”的差异。译者认为，顾名思义，“汉化”即是汉族化，是汉族同本国其他民族以及他国民族之间同化与融合的过程。而“中国化”的含义较为宽泛，是包括汉族在内的中国任何一个民族同其他国家、民族间同化与融合的过程。就云冈石窟而言，之所以不称之为汉化，是因为众多佛像身上显著呈现出的是以鲜卑族为主的北方少数民族的特征。——译者注

其实，松本博士的比较方法论缺少根据，而且论证过程也不尽合理，所以我难以认同他的结论。当我观察了许多笈多佛像的照片，形成了全面的认识之后，很容易地便发现其与大同佛像存在相似之处。

然而，即便如此，笈多与犍陀罗之间的取舍也并不是二者必选其一那么绝对。相比笈多，我仍然坚信某些佛像具有更为显著的犍陀罗艺术特征。

就此事，我想再稍作记述。

有人会说：或许在过去的笈多艺术中有和大同佛雕类型相同的作品，1000多年后的今天已经不复存在。不能否认有这种可能性，但若是如此，今日我们就没有讨论这一话题的必要了。即便不去追溯到古代印度，同样的情况也能发生在古代中亚。当我们没有充足的理由去否定或是肯定一种说法的时候，只能以“也许如此”这样的词语来回答。

所以，唯一可行的论证方法，就是将如今被保存下来的各地域的佛像与大同佛像进行对比，以得出结论。

如今，我认为大同的佛像并非起源于犍陀罗艺术。

从构图及创作思想上来看，云冈石窟造像与犍陀罗的佛教雕刻艺术的确有相近之处。然而，不能以此断定云冈与犍陀罗之间存在继承关系。若论起源，云冈艺术无疑受到古印度佛教艺术的深刻影响，而其中，印度中部的笈多艺术或许才是它的本源。

大村西崖认为，大同的北魏雕像既不是印度风格，也不是传统意义上的中国风格，而是由具有艺术素养的鲜卑拓跋氏族所独创的具有其本民族特点的作品。

松本博士对此持反对意见，他引用《大同府志》的记载，认为野蛮的鲜卑人绝无可能有如此巧夺天工的技艺（追记：再版校正的时候，我重新思考了这一问题，认为大村的论点有可取之处）。

石窟的创造者是汉人，还是北魏鲜卑人，对于这一问题我们不得而知。从广义的角度来看，我们能够确信的是，云冈石窟的佛像已经具备了中国化的特征。

但是，佛像蓝本的问题需要另当别论。众多印度或是西域诸国的佛像及绘画传入平城（大同），大多数工匠们（其中可能有外国人）以此为蓝本而进行创作。这种设想大概是正确无误的。

“太安初，有师子国（Ceylon）胡沙门邪奢遗多、浮陀难提等五人，奉佛像三，到京都，备历西域诸国，见佛影迹及肉髻，外国诸王相承，咸遣工匠，摹写其容，莫能及难提所造者，去十余步，视之炳然，转近转微。又沙勒（Kashgar）胡沙门，赴京师致佛钵并画像迹。”这一段文字，出现在《魏书·释老志》“昙曜白帝”云云之前，由此可以推断，带着印度佛像的僧人或是工匠在当时已来到魏国。

那个时期的中亚喀什噶尔地区属于犍陀罗系还是笈多系，我对此并不了解。总之，印度及中亚的佛像、绘画随工匠传入中国的事情，确确实实被记录在史书之中。

然而，在人数众多的工匠中，绝大部分无疑是中国人（姑且不将汉族和鲜卑族区分开），正因如此，典型的具有印度原始风格的佛像才会自然而然地被赋予中国人的特征。这一点，从云冈造像上足以能得到证明。

例如，沙畹第三、四窟（今第7、8窟），特别是后者入口处的多面多臂佛像（摄图十六、十七），尚未被完全中国化，其本身仍具备印度（特别是笈多）雕像的典型特征。除了它的外形和面相，丰满的整体造型也是印度艺术的显著特点（关于此佛像，前文《云冈日记》中有详细的记载）。

摄图九十二是第十九窟（今第20窟）大佛（露天大佛）光背上的一尊佛像（此处与之相似的佛像有许多）。不管它身上有多少中国化的特点，丰满的躯体，以及透过衣服能看到肌肤这一特征，足以说明其原型就是印度中部的佛像。

另外，图二十六是第十五窟（今第18窟）内部的一尊小佛像。它的面容与其他佛像有很大差别，脸庞圆润，眼角缓缓向下弯曲，与后期唐代盛行的佛像极为相似。最初，我觉得很不可思议，这难道是一尊唐代的雕像？直到在关野博士处看到许多印度中部佛像的照片时，才知道其中不乏存在着这种面相、形态的造像类型。

我觉得，摄图九十、九十一（露天大佛）所展现出的佛像面容——大村西崖认为它既不是汉人的容貌，也不肖像于印度的佛像，它呈现的是鲜卑拓跋族理想中的大丈夫形象——仿佛有显著的中国化特征。但仔细观察其鼻、眉、唇、颊等细节，我们会自然而然地发现，其形神之间有印度中部佛像的影子。

在关野博士从库木吐拉带回的佛像身上也能看到这一点。

现阶段我所关心的问题，并不是比较云冈石窟与中印度佛雕的异同。事实上，我对中印度知之甚少，类似这样的问题已超出我的能力范围。日后，我会对此进行深入的学习和研究。

最初，我对云冈石窟来源于北魏工匠的原始创意这种看法表示认同，但如今，因为随着认知的深入，我渐渐相信此间的佛像大多是以印度佛像为蓝本而建造的。

下面，我想谈谈云冈石窟和犍陀罗艺术之间的关系。松本博士认为：云冈的雕刻并没有传承犍陀罗艺术的特征。时至今日，我也觉得云冈石窟不是由犍陀罗艺术发展而来，它继承的是中印度艺术的风格。

即便如此，在云冈的雕刻中依旧能够发现与犍陀罗相似的作品。下文我将对两者相似之处进行比较，予以论述。

其相似之处有以下几点：

1. 第二窟（今第 6 窟）释迦传记图的构图及其细节的要素。

2. 各窟中随处可见的一些雕像的构图。

3. 类似的装饰纹样。

关于装饰纹样，我无法断言它属于犍陀罗艺术还是笈多艺术。但可以明确的是，犍陀罗雕刻艺术中的纹饰造型，的确在云冈比比皆是。

一、释迦传记图

释迦传记图经常出现在南方的佛教雕刻中，而在中印度艺术里它却并不多见。或许曾经存在过，只是未能完好地保存至今。在犍陀罗雕刻艺术中，时常会看到它的身影。令人吃惊的是，其构图形式与云冈之物十分相近。

A. 悉达多太子逾城出家图已在《云冈日记》中有所记载，如今就不再赘述。现将两图进行对比（摄图四十八和图三十七）。

B. 弓技图（摄图四十和图三十八）。

C. 宫女睡眠图（摄图四十七和图三十九）。

D. 云冈的后宫嬉游图与犍陀罗的酒神作乐[①]图（摄图四十一和图四十）均表现出两人相拥的情景。我觉得，在云冈雕刻中融入巴克科斯[②]的艺术思想，的确是一件有趣的事情。

①希腊、罗马神话中，酒神常与众神以及女信众们饮酒作乐。——译者注

②巴克科斯是罗马神话中的酒神。——译者注

图三十七　犍陀罗的出家图

图三十八　犍陀罗的弓技图

图三十九　犍陀罗的睡女图

图四十　犍陀罗的欢乐图

由此进而联想到，在云冈的艺术品中出现了许多奏乐的乐师。这种题材或许并非取自于中印度，而是由犍陀罗艺术中的酒神主题演变而来。

比如，在福歇尔（Alfred A.Foucher）的《犍陀罗美术》一书中所展示的笛、筚篥、箜篌、类似于腰鼓的鼓以及琵琶等乐器，与云冈的此类雕刻有共通之处。另外，舞蹈的人物姿势与云冈第二窟（今第 6 窟）下层壁面的人物也几乎相同。

二、某些雕像的姿势

A. 马的形态。对此最为直观的感受，就是云冈第二窟（今第 6 窟）中的马雕与拉合尔博物馆中的犍陀罗马雕极为相似（摄图三十三和图四十一）。我们在加尔各答博物馆的犍陀罗雕刻中也能看到同样造型的马雕。这些马均出现在表现悉达多太子与车匿、犍陟分别情景的艺术作品中，因此云冈与犍陀罗的马雕具备相似的形态绝不是偶然的契合。

B. 婆罗门形象。在云冈的东方诸窟中，经常可以看到体格消瘦的人物雕像。最初，我无法判断他的身份，猜想其为修行中的释迦或是迦叶。离开云冈后，我参阅了福歇尔的著作，才发现犍陀罗艺术中婆罗门形象与其大致相同。比较图

图四十一　犍陀罗的马

图四十二　云冈东方第一窟（今第 1 窟）门口内西壁

图四十三　犍陀罗的婆罗门

四十二（云冈的雕像）和图四十三（犍陀罗的雕像）便可一目了然。

C. 释迦像。云冈第二窟（今第 6 窟）东西壁面上部被音乐团所围绕的释迦像，就其姿势和服装而言，比起笈多，它与犍陀罗雕刻艺术更为相近。

D. 小佛像的服装。松本博士认为摄图五十八所示佛像最具笈多艺术的特征，但是摄图右下方的倚像若以不同的视角来看，便能发现它更加具备犍陀罗气质。如图四十四所示佛像，与福歇尔书中“最初的说法”这张摄图（图四十五）进行对比的话，可以看到它们的衣着服饰完全相同。另外，第十九窟（今第 20 窟）露天大佛两胁侍立像衣褶的形状也是犍陀罗艺术中常见的经典造型。

E. 人像石柱。人像石柱在云冈石窟中屡见不鲜。图四十六所示雕像与拉合尔博物馆藏“迦叶佛驱蛇”群雕中的一尊雕像相比（图四十七），不论其姿势或是服装，都使人感觉如出一辙。

F. 守护神的服饰。守护神的装束尽管与犍陀罗雕刻相似，但其身上已多少呈现出中国化的特征（图四十八、四十九）。

图四十四　云冈东端第二窟（今第2窟）东壁细节

图四十五　犍陀罗的服装

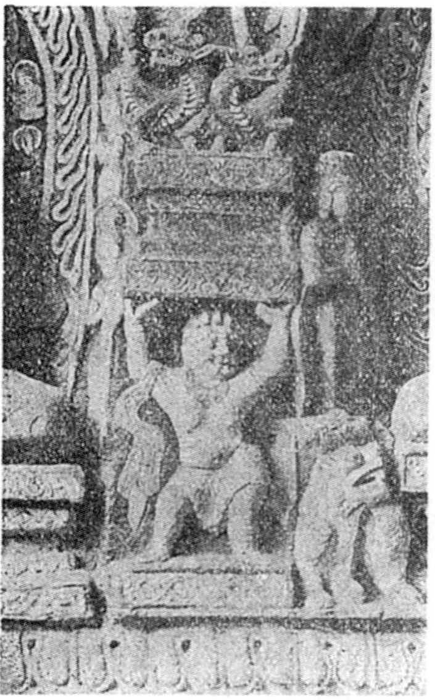

图四十六　云冈第五窟（今第9窟）外庭西壁细节

图四十七　犍陀罗的人柱像

图四十八　云冈的执金刚

图四十九　犍陀罗的执金刚

三、类似的纹饰

下面，对纹饰方面的相似之处予以说明。

A. 忍冬（金银草）纹。拉合尔博物馆藏悉达多太子结婚图中的忍冬纹饰与云冈第四窟（今第 8 窟）东壁的纹饰相同（图五十、五十一）。

图五十　犍陀罗的忍冬纹

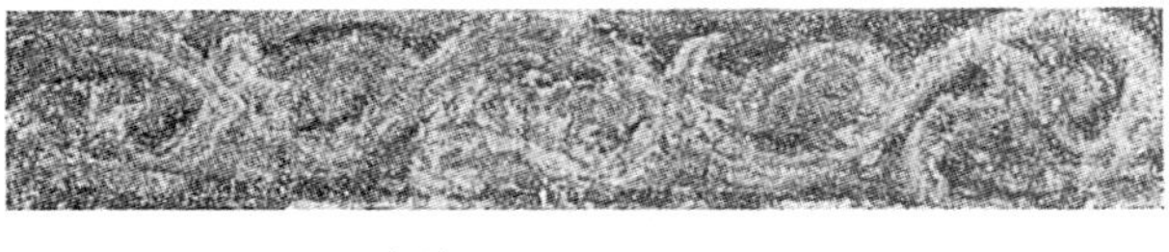

图五十一　云冈的忍冬纹

B. 莲花联纹。此种纹饰在云冈石窟中出现较多，犍陀罗中也不乏这样的造型（图五十二、五十三）。

图五十二 云冈的莲花联纹

图五十三 犍陀罗的莲花联纹

C. 方形莲花联纹。出土于罗利央·唐盖（楼兰？）、今收藏于加尔各答博物馆的雕刻上有这种纹饰，它与云冈石窟第四窟（今第 8 窟）南壁入口上部的纹饰相同（图五十四、五十五）。另外，在出土于斯瓦特附近、今收藏于卢浮宫的艺术品上也能看到同样的纹饰。

图五十四 云冈的方形莲花纹

图五十五 犍陀罗的方形莲花纹

D. 花绳。在云冈第五、六窟（今第 9、10 窟）中能够看到花绳模样的纹饰〔图五十六创作于第五窟（今第 9 窟），尽管近代的修复痕迹显著，我们仍然能观察到它的原型〕。这种纹饰艺术经过后期的发展，在龙门石窟达到顶峰。犍陀罗中也有同样的纹饰，而且常与婴儿的形象搭配出现（图五十七至五十九）。

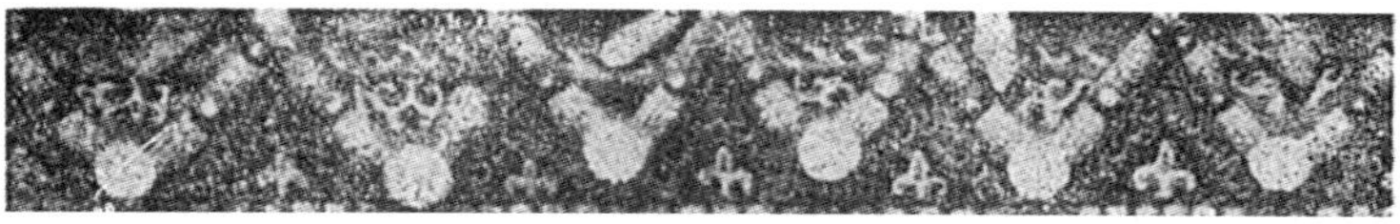

图五十六　云冈的花瓣

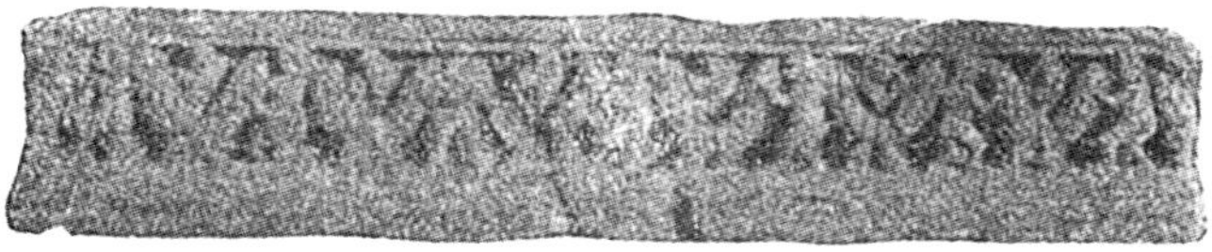

图五十七　犍陀罗的花绳（一）

图五十八　犍陀罗的花绳（二）

图五十九　犍陀罗的花绳（三）

如上所述，尽管云冈的纹饰与犍陀罗有相似之处，但不能断定它们之间有直接的传承关系。但是，相似纹饰的出现绝不是偶然的，作为佛教艺术的附属品，云冈与犍陀罗之间一定存在着某种间接的联系。

云冈的艺术是与众不同的，但这并不代表它具有独创性。毫无疑问，它继承了印度佛教艺术的特点，但我觉得，本土化对其创作与形成的影响更为深刻。

当然，相比龙门石窟，云冈的中国化特征就不那么明显了。但龙门的中国化往往使其艺术深陷颓废与衰退之中。

因此，印度的蓝本穿越国家的界线来到大同，与当地留存已久的艺术形式融合，进而诞生出新的生命。这种艺术性的创新使我们感到异常的刺激。

当我们观赏云冈石窟的时候，特别是看到佛籁洞的多面佛时，又会自然而然地追本溯源，联想到印度的原型。

如今，我对云冈艺术发源于笈多的这种论点不再抱有怀疑。但之所以写这篇文章，是因为我相信云冈与犍陀罗之间也一定存在某种继承的关系。

最近，我产生了漫游印度的想法，希望能够亲自体验并考察犍陀罗和笈多艺术。这样的话，我就能对大同美术的渊源进行更为深入的认知。本文只为备忘而作，尚未定稿〔大正十年（1921）五月作。再版时追记：漫游印度的志愿始终未能实现〕。

附　录

本书收录的《云冈日记》以及《大同美术中的犍陀罗因素》分别创作于大正九年（1920）和大正十年（1921），如今看来，书中记载有许多考虑不周的地方。自我们游历云冈之后，有众多考古学家、美术家来此参观，并发表了他们的见闻录和研究专著。因此，旧稿再版的时候，我觉得有必要参考诸家的意见。然而，研究云冈毕竟不是我的主业，我无法将太多的时间和精力付诸于此。本书再版发行之前，我另外写了两三篇文章，准备作为进一步研究的资料，但是遗憾没有充足的时间将它们整合成系统的论述，所以只好决定将其原封不动地收录在书中。文章中并没有太多引人注目的文献资料，记述也不严谨，如此堂而皇之地发表实在令自己汗颜。希望大家予以谅解。〔昭和十三年（1938）〕

一、大同石佛杂话

今年，不论是美术院的展览会还是青龙社的展览会，均有以“大同的石佛”为主题的画作。这四位画家中，前田青邨[①]和川端龙子[②]的作品不仅画幅大，而且完成得尤为出色。

青邨的作品创作在大幅画纸上，其精确的尺寸我不得而知，目测已超过二叠（3.3 平方米）。对于画家而言，黄土色的赭石颜料用起来并不得心应手，但如此出色的绘画告诉我，作者一定倾注了他最大的努力。此画描绘的是大同石佛中最引人注目的白耶佛洞露天大佛。作者将视觉中心置于大佛左侧七分的位置，先用细笔勾勒其轮廓，而后用赭石上色，待画面干燥之后，再用赭石涂色、干燥，而后反复线描，最终将作品完成。仔细观察，画中赭石黄明亮的地方，似乎是涂上了金粉的缘故（图六十）。

---

①前田青邨（1885—1977），日本著名画家。曾于1919年和1943年来中国游历。1960年作为日本画家代表团团长访华。——译者注

② 川端龙子（1885—1966），日本画家、俳句诗人。——译者注

图六十　大同石佛 前田青邨作

图六十一　大同石佛接引洞（右）露天大佛（左）川端龙子作

龙子有两幅画作。一幅是露天大佛，用墨和赭石创作而成。另一幅是中部石窟群其中一窟的前景（今第 11 窟），画面下方是洞窟入口，中部是居于深龛中的大佛，上部是一座小窟。向小窟内望去，还能看到洞内色彩斑斓的壁面。

大正九年（1920），我来到云冈进行考察，当时就认为“美术家们尚未对云冈给予重视，来此参观的人寥寥无几。为了欣赏到如此精美的艺术品，不论是雕刻家还是画家，即便来中国留学都未尝不可”。幸运的是，时至今日，世人已经认识到云冈的价值，今后一定会有更多的人慕名而来，对石佛的鉴赏也会趋于普遍化。那么，我们在了解、品味它的过程中自然而然会产生一些心得。

在美术文物中，对佛像的鉴赏并不是件容易的事情。浮世绘[①]或者赖山阳[②]的书法往往是我们学习鉴赏的入门阶段，然后往古追溯，分别是德川时期的文人画[③]、琳派[④]、狩野派[⑤]、雪舟[⑥]、土佐、古土佐[⑦]，最后才是佛教绘画及雕像。其中，镰仓时代[⑧]的佛像相对容易理解，循序渐进，而后才能对白凤[⑨]、天平时代[⑩]的佛像有所鉴赏。

我于20年前在奈良博物馆欣赏问答师创作的佛像时，邂逅了石井鹤三[11]。当我谈到问答师作品的精美时，石井屡次对“买酒的观音”表达出赞美之情。“买酒的观音”是对一尊来自法隆寺的百济观音像的戏谑俗称。最终，我渐渐地对这尊古代雕像也产生了好感。20年前在日本的鉴赏界，大概都认可这样的艺术品是上乘之作。那时，中国的天龙山石窟尚未被发现，龙门、云冈也只有少数专家（以当时工科大学的诸位博士为主）知晓，而我们只能通过照片了解到它们的面貌。但当我们按着这样的顺序，游历了龙门、云冈之后，自然会对那里的石佛有进一步的认识，同时也会产生浓厚的兴趣。一直认为推古佛像是佛教艺术的巅峰之作，可未曾想到，在它之上有更为广阔的艺术领域。这就好比我们认为哈尔滨是北方最后的大都市，然而在冰天冻地之中再向北行，会发现还有托木斯克、鄂木斯克、托博尔斯克，最后来到莫斯科时，甚至会发现有道路可以通向欧洲的其他都市。或许这个比喻不很恰当，但这是我当时客居奉天，去哈尔滨游历时产生的感受。数年后，我初到云冈见到石佛，心中突然感觉到艺术同地理一样，山外有山、天外有天。

当我们摆脱推古佛像的局限发现大同石佛时，一定会意识到自己对文化史的审视眼光会突然变得极为宽广。因为我们的视野观瞻从海境岛国已然转向广域大陆。当然，视线不能仅仅局限在唐或北魏，应该向印度甚至希腊延伸。

---

①兴起于日本江户时代的市井风俗画。

②赖山阳（1780—1839），名赖襄，字子成，日本汉学家。

③中国传统绘画流派，是指文人士大夫的绘画作品，区别于宫廷绘画和民间绘画。兴起于宋代，后传入日本等国。

④日本江户时代的绘画流派。

⑤日本历史上最大的绘画流派，活跃于15至19世纪。

⑥雪舟（1420—1506），日本汉画画家。

⑦日本绘画流派，兴起于14世纪。

⑧日本镰仓幕府时代，1185—1333年。

⑨日本美术史上的时代划分之一，始于7世纪末的大化改新时期。

⑩上承白凤时代，7世纪末至8世纪中叶，日本佛教艺术文化的繁荣时期。

⑪石井鹤三（1887—1973），日本画家、雕刻家。（以上为译者注）

离开古代推古佛像，来到大同云冈石窟，最先体会到的是两者之间存在着显著的差异。所谓推古佛，就如同欧洲哥特式雕塑那样，雕刻在木石上的人物均丧失了人类的本性，展现的是如神灵一般的非人类形象。即便一座小小的天平似乎都缺乏人类生活的气息。反观云冈石窟，即便在这无法计数的上万尊大小佛像中有表现神灵的雕刻，但我们依旧能够看到许多体态丰满、充满爱意、年轻的少女形象。如同文艺复兴，这里蕴含的是人性的色彩。

来到云冈后，我不得不修正了以往对于佛教美术、特别是佛像的认知。佛教美术中存在着像哥特艺术中耶稣或是圣人那样，脱离现实、摆脱肉体，只表现精神层面的艺术形象。推古艺术中的古典佛像就是如此。但是，世间也留存着年代早于推古，却并非属于古典的艺术品。尽管将它们称为现代艺术有些奇怪，我也有意回避这种称呼，但是如此富有现代艺术特征的雕刻，换言之，继承古代欧洲、希腊传统，流传至今的裸体像乃至一般的人物像在云冈不胜其数，使得受现代艺术熏陶的我们，心中倍感亲切。那么，我们该如何看待这个问题？

我觉得，参观者若体会不到惊讶的感觉，就无法品味云冈石窟的真正韵味。只有先对推古佛像具备鉴赏能力之后，才能在初到云冈的时候发出“啊，竟然是这样！”的感叹。对于佛教美术鉴赏而言，只有沿着时代往古追溯的过程才是最为合理的。

下面，我想对云冈石窟中最具人性特征的一尊造像进行说明。它就是寺称“释迦佛洞（今第 6 窟）”的大型洞窟中，中央塔柱下部大佛的一尊胁侍菩萨（图八）。菩萨身形丰腴，双手合于胸前，正在行礼。其容貌体格展现出的是 19、20 岁的少女形象。她头戴冠，后有光背，衣裳如同云冈雕像常见的那样，由两肩垂下，在膝盖处相交，形成衣褶以及裙裾的形状。腰部微微扭曲，两膝向前弯曲。双臂丰满，就像雷诺阿画中少女的手腕那么粗壮。体态丰满圆润是云冈大多数造像的共同特征。另外，菩萨的身上一点都没有犍陀罗、高棉（柬埔寨）、爪哇佛像那种生硬、繁琐的特点，而且身体比例极为协调。脸部不大，脚部也不过分小巧。还有就是，中印度雕刻中常见的那种艳俗的女性曲线也没有出现在其身上。

就这一点而言，塑造此像的工匠，凭借其高超的技艺，不仅没有破坏菩萨的威严，同时还赋予了它女性健康的美。我曾觉得，越是精美的佛像，其本身往往存在缺陷，或是样式陈旧，或是工艺不纯熟，或是结构失调。然而来到这里后，我的固有观念被完全颠覆。

这尊菩萨像不过只是一个例子而已，而且它位于石窟中一处昏暗且不引人注目的地方，或许并不是由最杰出的工匠所作。可想而知，在云冈的其他地方，会有多少与它媲美，甚至远胜于它的上乘作品。由此可以判断，当时云冈造佛的工匠们，一定是具备艺术天赋的民族，这一点毫无疑问。

那么，究竟是何人建造的呢？北魏拓跋氏族。拓跋氏是具有造像艺术天赋的民族吗？这样的疑问总是接踵而至。与此相对，许多人凭借空想给出了形形色色的解答。甚至有人试图从文献上寻找答案，可始终无法得以印证。因此，若想解决这个问题，就必须另辟蹊径，即从目前遗留下的艺术品中进行系统的调查研究。幸运的是，能够作为参考比较的艺术品，目前仍有许多留存于世。北魏之后的佛教艺术，除了日本、朝鲜之外，中国的龙门、巩县、天龙山也有类似的石窟。早于北魏的，有敦煌鸣沙山千佛洞、印度笈多，甚至是犍陀罗的石窟、窣堵波、石佛等。另外，汉代的建筑及雕塑，尽管与佛教无关，但也有比较的价值。

相比对艺术品进行比较而言，我觉得更为重要的是调查我国推古、天平时代佛教雕刻的渊源，进而探索世界文化史的脉络。我的志趣，将在追溯时代的过程中变得愈加深厚。

下面对大同佛教美术的源流，以及其之后的变迁，提出我的一些看法。

大同的美术是否是犍陀罗美术的嫡传，这是第一个问题。然而这里提到的犍陀罗美术其真实面目，未必是我们所能够完全了解到的。因为现今所论述的问题尚没有明确的结论，所以就已知的事情进行探讨。幸运的是，几年前曾来过日本的法国考古学家福歇尔写了一本名为《犍陀罗艺术》（1905 年、1908 年）的著作。这本书分为两册，其中特别重要的一部分被我抄译后，收录于《艺林闲步》之中。福歇尔觉得这是一本有价值的书，所以在 1905 年出版了上册。之后，在这一领域又有了新的发现，福歇尔本人并不精通中国和印度的佛教经典，如今看来其书中确实存在一些缺憾。作为日本人来说，我们有必要去弥补这些缺憾。长久以来我期待着有这样的机会，但此时此刻这种心情渐渐变得平静很多。我们的学问并不能只局限于弥补前人的成果，而应该开拓更为广阔的领域。

总的来说，最早发现并研究云冈石窟的专家，是我国的伊东忠太博士。明治三十五年（1902）三月至三十八年（1905）六月间，伊东在中国、印度、欧洲进行旅行研究。途中，于三十五年六月某日与横川省三、宇都宫五郎等人，一起由张家口来到大同，沿着武周川行路30多里，发现了云冈石窟。他曾说："发现此石窟寺完全是偶然。我没有想过这里还保留着拓跋氏的遗迹，来到大同只是为了探索辽金时代的文物，而这个意外的发现令我极为兴奋、雀跃不已。"我完全能够体会他当时的心情。伊东认为："云冈石窟艺术，是我国推古艺术的祖先。我相信它一定是犍陀罗艺术的直系。"这种说法在很长一段时间内，被我国的研究家们所推崇。

伊东之后，是塚本博士和关野博士。他们分别于明治四十一年（1908）和大正七年（1918）来到这里考察〔伊东于昭和五年（1930）再次来过此地〕。

此后，法国的汉学家沙畹于1895年至1918年间，创作了《北中国考古学旅行记》一书。沙畹在1902年记述了龙门石窟之后，于1907年来到云冈。他的著作主要收集了云冈和龙门其建筑、雕刻的照片，数量甚多。许多欧洲人是通过此书才了解到中国古代的雕刻艺术的。

松本文三郎博士于大正六年（1917）在印度考察了那里的佛教遗迹和雕刻艺术，在回国的途中，顺道来到云冈，将此处的石窟、佛像与印度的进行了比较。其意见收录于《中国佛教遗物》一书中。松本博士主张，云冈的雕刻没有一点犍陀罗艺术的典型特征，它传承的是印度笈多朝艺术的风格。我曾在关野博士处看到许多他在印度拍摄的佛像的照片，开始对笈多雕刻有所认知，并认为云冈石窟大致继承的是笈多艺术的风格。同时也认为，其间有犍陀罗艺术的影子。

关野博士于大正七年（1918）二月于东京出发，此后8个月一直在中国旅行，期间他来到云冈进行研究调查。第二年三月，他在孟买的日本人俱乐部上，就印度佛教艺术发表了演讲。他说："云冈石窟的内外雕刻，其所谓的北魏风格，是在继承两晋时代的基础上进行了独具特色的发展，同时受到印度笈多艺术影响而形成的。"还说："过去的学者中，有许多人认为云冈石窟深受犍陀罗艺术的影响，另外英国、德国的学者也认为，犍陀罗艺术是中国和日本佛教艺术的鼻祖。这样的认识几乎成了学界的定论。对此，我无法赞成。实际上，北魏遗迹呈现出的时代特征是公元5世纪中叶，这正是中印度笈多艺术的黄金时期。而在犍陀罗，佛教已逐步走向衰落，因为嚈哒族入侵和宗教信仰的相互排斥，使得佛教面临破灭的厄运。因此，犍陀罗艺术无法对北魏艺术产生直接的影响。然而，若谈及两者之间的间接联系，应该这样说，犍陀罗曾影响两晋时代的佛教艺术，其风格在经历中国化之后被北魏所继承。即便如此，两者之间的性质已经发生了很大的差异。比较北魏艺术与犍陀罗艺术，会发现它们是完全不同的格调，甚至在其中找到相似之处都是很困难的。尽管无法否定两者有间接联系，但过去的学者们对此给予了过分的强调。”

博士此后的论说，与上述主旨相同。“拓跋氏的艺术风格，在两晋时代早已形成，并有所发展。而后随着佛教的兴盛，在北魏时代有了更为长足的进步。对两晋产生影响的犍陀罗艺术已被中国化，时至北魏，它的原有特色只有些许留存下来。”“另外，应该注意的是，笈多艺术在很早的时候就已传入北魏。在此，我不再详加论述。若仔细研究云冈石窟可以发现，其中部石窟群的壁面构造，是融合拓跋艺术与笈多艺术的产物。前者是两晋时代流传而来的固有的艺术形式，而后者来自遥远的中印度笈多艺术。笈多艺术的影响，在北魏时期还很微弱，隋朝时逐渐加深，直到唐朝才趋于鼎盛（摄图一百〇六）。”

此后的学者对这一问题有过怎样的论议我并不熟知，但是时至今日，依旧没有得出明确的结论。

因此，我最期望的就是今后能够出现大量的关于笈多佛教艺术的研究，以此给予我们更多的新知。福歇尔曾在其著作中将犍陀罗艺术称之为极富古典性的艺术，通过他的书，我们大概能够对此有所认知。如果我的说法有误，敬请原谅。关于中印度系或者说笈多系的佛教艺术，至今仍没有概括性的著作。这一领域主要是被英国学者发掘、研究。各个时期的成果，以及片面性的研究通常刊登在专业的杂志以及学术型的报告中，而像福歇尔的关于犍陀罗艺术的那种综合性的著作目前还没有问世。已去世的关野博士收集了许多笈多艺术的材料。为了使用他手中的照片，我曾答应他在他发表相关研究之前，我不会写相关的文章。关野博士生前十分繁忙，最终也没能够就此领域进行深入研究，他留给我们的遗产只有那本《关于印度佛教艺术》（西游杂记四）。

尽管关野有上述的论调，但他同时认为在云冈石窟中，也存在着一些深受犍陀罗影响的遗迹。对此，我曾经逐一考察过。可以这样说，云冈石窟的佛像及佛教艺术是极为复杂的，它不仅直接或间接地传承了犍陀罗艺术，相比而言，更深受笈多艺术的影响。这种艺术形式，是汉代以来中国艺术同他国艺术融合的产物。

如此概论未尝不可。

有关云冈石窟同中国本土艺术之间的关系，最近水野清一[①]发表了名为《六朝佛教艺术中的汉代传统》的论文（《东洋史研究》[②]第一卷第四号）。

从这种关系而言，云冈艺术，特别是其佛像雕刻艺术的韵味，是极为特殊的。与笈多、犍陀罗相似，但却仍有很大差异。后期的高棉、爪哇佛教艺术自然也无法与之相比。在中国佛教雕刻中，云冈石窟是龙门、巩县、天龙山的先迹，但它们之间的韵味不能言同。不论是立像的整体或细节，还是建筑要素之间的关系，都能够引起我们浓厚的研究兴趣。甚至是比较朝鲜的庆州石佛，以及我国推古、天平以来的木制佛像和干漆像都是十分有益的工作。

犍陀罗和笈多在艺术领域有亲缘关系。众所周知，犍陀罗艺术本身还具有希腊、罗马、波斯的艺术特点。因此，对佛教艺术的研究，是探索世界文化史这座横亘于时间空间中的大山的重要道路。如之前所说，云冈只是在这一过程中的中转站。因此，为了更好地了解云冈、品味云冈，比起毫无准备的立志于云冈艺术，我们应首先对日本佛教艺术有所研究。而后，将视线面向西方，不断前进的同时追溯时代。只要拥有这样的态度，我们一定会在学习中受益匪浅。

昭和十三年（1938）九月《文艺春秋》

---

①水野清一（1905—1971），日本考古学家，发表过大量关于云冈石窟的文章及著作，如《云冈石窟及其时代》《云冈石佛群》等。

②京都大学东洋史研究会会刊。（以上为译者注）

二、北魏的造像

若想深入地了解大同（云冈）石佛，就必须对建造它的北魏国及其文化有所全面的考察和认知。此事本该尽早去做，但由于我的懈怠，直到现在才一边查阅摘录《魏书》的相关内容，一边缓慢地进行学习研究。我的汉籍阅读能力有限，引用的部分大概有不少谬误，请大家予以谅解。

（一）

首先，将历代帝王及其年号制作成表，以供参阅。太祖道武皇帝魏国之前，拓跋氏经历了数代共 160 载。

始祖元皇帝，讳力微。

文帝，讳沙漠。

章皇帝，讳悉鹿。

平皇帝，讳绰。

思皇帝，讳弗。

昭皇帝，讳禄官。桓皇帝，讳猗□（“迤”右半部）。穆皇帝，讳猗卢。（三帝分统）昭帝崩后，穆帝统摄三部，为一统。

平文皇帝，讳郁律。

惠皇帝，讳贺傉。

煬皇帝，讳纥那。

烈皇帝，讳翳槐。

昭成皇帝，讳什翼犍。始称年号“建国”[①]。

太祖道武皇帝，讳珪。登国元年（386）四月，改其国号为魏，后世称北魏。

皇初元年（396）。

①以上参考《魏书·序纪》。——译者注

天兴元年（398）。

天赐元年（404）。五年（407）十月帝崩，时年三十九。

太宗明元皇帝，讳嗣，太祖长子，登国七年（392）生。

永兴元年（409）。天赐六年十月改元。

神瑞元年（414）。

泰常元年（416）。八年（423）十一月帝崩，时年三十九。

世祖太武皇帝，讳焘，明元帝长子，天赐五年（408）生。

始光元年（424）。

神䴥元年（428）。

延和元年（432）。

太延元年（435）。

太平真君元年（440）。

正平元年（451）。二年（452）三月甲申，帝崩，时年四十五。秘不发丧，中常侍宗爱矫皇后令，杀太武帝子东平王翰。立南安王余为帝，改元永平。十月，余于殿中为宗爱所杀。尚书长孙渴侯与尚书陆丽迎立皇孙，是为高宗。高宗为太武帝长子晃之长子。晃延和元年（432）正月立为皇太子。正平元年，薨于东宫，时年二十四。高宗即位，追尊为景穆皇帝，庙号恭宗。

高宗文成皇帝，讳濬，太平真君元年（440）生。

兴安元年（452）。

兴光元年（454）。

太安元年（455）。

和平元年（460）。六年（465）五月崩，时年二十六。

显祖献文皇帝，讳弘，兴光元年（454）秋七月生。

天安元年（466）。

皇兴元年（467）。常有遗世之心，五年（471）称太上皇帝，承明元年（471）崩，时年二十三。

高祖孝文皇帝，讳宏，显祖长子，皇兴元年（467）八月生。

延兴元年（471）。

承明元年（476）。

太和元年（477）。十七年（493）迁都洛阳。二十三年（499）夏四月丙午朔，帝崩于谷塘原行宫，时年三十三。

世宗宣武皇帝，讳恪，孝文帝第二子，太和七年（483）闰四月生。

景明元年（499）。

正始元年（504）。

永平元年（508）。

延昌元年（512）。四年（515）春正月甲寅不豫，丁巳崩于式乾殿，时年三十三。

肃宗孝明皇帝，讳诩，宣武帝第二子，永平三年（510）三月丙戌生。延昌四年（515）正月丁巳即位，年6岁。翌年改元熙平。

熙平元年（516）。

神龟元年（518）。

正光元年（520）。

孝昌元年（525）。

武泰元年（528）。是年二月癸丑，帝崩于显阳殿，时年十九。事出仓促，其生母灵太后（胡氏）以鸩毒谋杀之说盛行。在此之前，灵太后突然将肃宗嫔萧氏所生皇女谎称为皇子，为此改元为武泰。孝明帝驾崩后翌日，立皇女为太子，随即即位天下。灵太后见数日之后人心稍安，将新帝的女性身份公开，改立临洮王3岁幼子钊为帝，天下愕然。《魏书·帝纪》中，从“甲寅皇子即位，大赦天下，皇太后诏曰云云”到“乙卯幼主即位”，记述甚为简略。大都督尔朱荣，于四月庚子，将灵太后和幼主溺死于黄河，后立彭城王第三子子攸为帝，是为孝庄皇帝。改武泰为建义。

孝庄皇帝，讳子攸。

建义元年（528）。又号永安元年。

建明元年（530）。建明元年十二月，帝因尔朱兆迁于晋阳，甲子，崩于城内三级佛寺，时年二十四。

前废帝广陵王，讳恭。建明二年（531）三月尔朱世隆等人立其为帝，改国号魏为大魏，建明二年改为普泰元年。

普泰元年（531）。是岁六月庚申，齐献武王起兵反尔朱一族。十月壬寅，推渤海太守元朗为帝,即位于信都,为后废帝安定王。二年（532）三月,广陵王被废,太昌初年（532）三月死，时年三十五。

后废帝安定王，讳朗。

中兴元年(531)。泰普元年改为中兴元年。二年四月逊位,太昌元年(532)五月,戴罪而死，时年二十。

出帝平阳王,讳修。中兴二年（532),安定王朗有心退位,齐献武王与百僚议,立广平穆王第三子为帝，是为出帝。

太昌元年（532）。中兴二年（532）四月改元。此时，蠕蠕国、嚈哒国、高丽、契丹、库莫奚关国、高昌国等再次遣使朝贡。

永兴元年（532）。十二月改太昌为永兴。

永熙元年（532）。永兴为太宗年号，故再改为永熙。三年（534）七月，帝亲率大军至长安。十二月被宇文黑獭（宇文泰）所杀，时年二十五。至此，北魏终。

孝静皇帝，讳善见。清河宣王亶之子。永熙三年，出帝远征长安不克，百僚会议推帝为肃宗之后，时年 11 岁。冬十月丙寅即位。永熙三年，改元天平元年，史称东魏。东魏经历天平（534)、元象（538)、兴和（539)、武定（543）四个年号，于武定八年（550）历一主 17 年而亡。

另一方面，宇文黑獭杀害出帝后，立南阳王宝炬为帝，年号大统元年（535),史称西魏。有关西魏的事情在此就不再记述。

（二）

北魏与佛教的交流，大致从太祖道武皇帝时期开始。

《魏书·释老志》云：

“魏先建国于玄朔，风俗淳一，无为以自守，与西域殊绝，莫能往来。故浮图之教，未之得闻，或闻而未信也。及神元与魏、晋通聘，文帝久在洛阳，昭成又至襄国,乃备究南夏佛法之事。太祖平中山,经略燕赵,所经郡国佛寺,见诸沙门、道士,皆致精敬,禁军旅无有所犯。帝好黄老,颇览佛经。但天下初定,戎车屡动,庶事草创，未建图宇，招延僧众也。然时时旁求。先是，有沙门僧朗，与其徒隐于泰山之琨（王而）谷。帝遣使致书，以缯、素、旃罽、银钵为礼。今犹号曰朗公谷焉。天兴元年（398），下诏曰：‘夫佛法之兴，其来远矣。济益之功，冥及存没，神踪遗轨，信可依凭。其敕有司，于京城建饰容范，修整宫舍，令信向之徒，有所居止。’是岁，始作五级佛图、耆阇崛山及须弥山殿，加以缋饰。别构讲堂、禅堂及沙门座，莫不严具焉。”

北魏的佛教至太宗明元帝时，逐步走向兴盛。明元帝其人笃信宗教，同时对文物也有深厚的兴趣。

明元帝是太祖的长子，其母是刘贵人。明元帝幼年的时候，太祖将刘贵人赐死，同时对哀泣的他说：汉武帝在立其子为储君的时候，也将其母杀死，以防止妇人干预国政。由于明元帝始终悲愁不已，使得太祖大怒，令左右之人将其遣出宫外。天赐六年（409）冬十月，清河王邵谋反，太祖驾崩。明元帝在诛杀绍之后，即位为帝，改元永兴。帝对儒生礼爱有加，喜好博览史传。北魏的文化在此时期蓬勃发展。北魏的造像工程应该正是在这样的背景下兴盛起来的。

然而，在《魏书·太宗纪》中却没有发现和佛教以及石窟寺相关的记事。《魏书·礼志》中记载：“太宗永兴三年（411）三月，帝祷于武周车轮二山。”其中并没有石窟寺的字样。

《魏书·释老志》接着记载：

“太宗践位，遵太祖之业，亦好黄老，又崇佛法，京邑四方，建立图像，仍令沙门敷导民俗。

初，皇始中，赵郡有沙门法果，诫行精至，开演法籍。太祖闻其名，诏以礼征赴京师。后以为道人统，绾摄僧徒。每与帝言，多所惬允，供施甚厚。至太宗，弥加崇敬，永兴中，前后授以辅国、宜城子、忠信侯、安成公之号，皆固辞。帝常亲幸其居，以门小狭，不容舆辇，更广大之。年八十余，泰常中卒。未殡，帝三临其丧，追赠老寿将军、赵胡灵公。初，法果每言，太祖明睿好道，即是当今如来，沙门宜应尽礼，遂常致拜。谓人曰：能鸿道者人主也，我非拜天子，乃是礼佛耳。”

此时，天下已进入佛法兴隆的时代。鸠摩罗什在长安草堂寺教授八百信徒，培养了道生、道融、僧恒、僧肇、昙影等留名后世的沙门弟子。另有僧人法显，深感于中土律藏不足，由长安出发去天竺求经，由那里带回大量戒律经典。在江南，天竺禅师跋陁罗与僧人法业一起，将僧人法领由西域带来的《华严经》翻译成汉文。

世祖太武皇帝即位之初，效仿太祖、太宗，常与得道高僧一起谈论佛法。四月八日，游行佛像，还亲临现场，参与散花仪式。

那时，罽宾国有一位僧人名为昙无谶，此人翻译经书、通晓术数、禁咒预言，无所不能。

然而，在中期的时候，太武帝接受了司徒崔浩的建议，皈依道教，排斥佛教。随着佛教的兴盛，僧人数量激增，难于管理。如长安的种麦寺那样，一些寺院出现了私藏兵器、私自酿酒，甚至私行淫乱的现象。这使得皇帝震怒，开始下令诛杀长安僧人，焚毁佛像，全国各地竞相效仿。同时，颁布了私养僧人者处以死罪，信奉佛教以及铸造佛像泥人、铜人者诛门的诏令。此事发生在太平真君七年（446）三月，即历史上的“太武灭佛”。

太平真君十一年（450），崔浩被诛杀。太武帝渐渐对灭佛的行为有所忏悔，遂放宽了禁佛政策。特别是世祖的长子、之后的恭宗皇帝笃信佛法，对当时德高望重的僧人昙曜给予了庇护。

高宗文成皇帝即位后，颁布诏令，重新振兴佛教。诸州郡县均要建造佛图，允许大州 50 人、小州 40 人出家为僧。诏书云：

“世祖太武皇帝，开广边荒，德泽遐及。沙门道士善行纯诚，惠始之伦，无远不至，风义相感，往往如林。夫山海之深，怪物多有，奸淫之徒，得容假托，讲寺之中，致有凶党。是以先朝因其瑕衅，戮其有罪。有司失旨，一切禁断。景慕皇帝每为慨然，值军国多事，未遑修复。朕承洪绪，君临万邦，思述先志，以隆斯道。”

当时，京师有一位僧人名为师贤，是罽宾国王族。太武灭佛时，他假装还俗为医，仍坚守佛法。复佛时，文成帝为他同辈五人剃发，尊称师贤为道人统。

“是年，诏有司为石像，令如帝身。既成，颜上足下，各有黑石，冥同帝体上下黑子，论者以为纯诚所感。兴光元年秋，敕有司于五级大寺内，为太祖以下五帝，铸释迦立像五，各长一丈六尺，都用赤金二十五万斤。”

此处引用记事的上半部分值得我们关注，即仿照帝身建造石像。石像究竟有多大，我们不得而知。但从中可以了解到，这些石像是极为引人注目的。有趣的是，这些雕刻并不是佛像，而是皇帝的肖像。可以推测，当时北魏的工匠已经具备了建造肖像的技艺。尽管印度和西域传来了佛像的范本，使得工匠们具备了模仿造像的能力，但他们在有意无意间，改变了这些范本的造型，使它们愈加具备北魏民族的文化特点。另外，在不拘泥于范本的同时，北魏工匠们以自由艺术的精神，创作了菩萨、供养者等佛教形象，由此可以判断，他们已经掌握了人像石柱的建造技法。

唐朝的道宣僧人曾这样评价云冈露天大佛，“唇厚、鼻隆、目长、面腴，挺然丈夫之相”。这说明北魏工匠在建造佛像时，并非一味地模仿犍陀罗或者笈多。或许，在云冈石窟尚未问世之时，融合了东西方文化特色的北魏艺术已然成型。另外，第十六窟（今第 19 窟）的供养者（摄图十三）以及第二窟（今第 6 窟）的菩萨（摄图三十一）身上，均有世俗肖像的韵味。这一点并不是偶然出现，它恰恰反映出北魏造像艺术的特征。因此，云冈石窟本身是具有独创性的，它并不单单是宗教史遗迹，更是至今仍闪耀着璀璨光辉的伟大艺术。

《魏书·释老志》接下来所记载的，便是极为重要的北魏造像之事。

“太安初，有师子国胡沙门邪奢遗多、浮陀难提等五人，奉佛像三，到京都。皆云，备历西域诸国，见佛影迹及肉髻，外国诸王相承，咸遣工匠，摹写其容，莫能及难提所造者，去十余步，视之炳然，转近转微。又沙勒胡沙门，赴京师致佛钵并画像迹。

和平初，师贤卒。昙曜代之，更名沙门统。初昙曜以复佛法之明年，自中山被命赴京，值帝出，见于路，御马前衔曜衣，时以为马识善人。帝后奉以师礼。昙曜白帝，于京城西武州塞，凿山石壁，开窟五所，镌建佛像各一。高者七十尺，次六十尺，雕饰奇伟，冠于一世。昙曜奏：平齐户及诸民，有能岁输谷六十斛入僧曹者，即为僧祇户，粟为僧祇粟，至于俭岁，赈给灾民。又请民犯重罪及官奴以为佛图户，以供诸寺扫洒，岁兼营田输粟。高宗并许之。于是僧祇户、粟及寺户，徧于州镇矣。”

这段记事描写了高宗时期佛教佛寺的情形及经营状况。值得注意的是，佛像由锡兰和疏勒传入北魏的事情。

那么，锡兰和疏勒的佛像究竟是什么样子呢？由于身边的资料甚少，我对此问题不得而知。如果不亲自去印度参观其佛教艺术，或是对相关书籍、研究报告进行缜密的调查，便无法解答这一问题。北魏工匠究竟是如何运用这些佛像范本进而创作云冈石窟的，这个大问题也有待今后的研究者予以探索。

只是印度在公元5世纪时，即云冈造佛的同一时代，也出现了施无畏印立佛（加尔各答博物馆藏）——关野博士称之为秣菟罗的代表作，并且是印度雕刻的最杰出作品——这样的雕塑艺术品。其流风或许与云冈石窟佛像有相通之处。这一点从挺然丈夫之相上倒能窥探几分。

昙曜在武州塞（云冈）最先开凿了五处洞窟，其中分别凿刻一尊大佛，最高的有70尺之高。这就是沙畹所言的第十九窟(今第20窟)以东的五座石窟。其中，第十三窟（今第16窟）中央是一座巨大的立像，第十四窟（今第17窟）、第十六窟（今第19窟）分别是结跏大佛。第十八窟（今第19–2窟）是一尊倚像，而第十九窟（今第20窟）就是如今的露天大佛。大致与《魏书·释老志》的记载相同。

至此，我想引用一段伊东忠太博士（《中国建筑史》）的论说：

“云冈开凿的年代是有明确记载的，但是也存在着不同的说法。《大清一统志》《山西通志》、府县志等记载：‘元魏建，始神瑞终正光，历百年而工始完。’神瑞是明元帝的年号，如果创建于神瑞，那么太武帝废佛的时候，工程一定被迫中止，至文成帝时，才会进行大规模的复建。此神瑞创建说并没有充分的依据，不必对其进行考证，但可以将其作为反证。考察现场状况，我们并没有发现这里有曾被完全破坏的痕迹。因此，若说石窟的工程始于明元帝，并在太武帝废佛时遭到损毁是绝对不可能的。总之，现今的云冈石窟始建于昙曜五窟，至隋末唐初时才断断续续建造而成。”

“另外值得考虑的是，昙曜开窟时曾建造灵岩寺。此寺应该是管理五座石窟的伽蓝寺院，但是其具体位置却没有详尽的记载。通志中记录此处有十座寺院，分别是一同舛、二灵光、三镇国、四护国、五崇福、六童子、七能仁、八华严、九天宫、十兜率。如今，没有详尽史料能够说明这十座寺院的由来及沿革。”

关于对昙曜五窟的鉴定问题，博士是这样说的（博士笔下的第二十窟与沙畹所言的第十九窟是同一窟）：

“由昙曜主持开凿的五窟，是第三区第十六窟至第二十窟。不论其规模还是样式，均符合史料记载。第十六窟内的立佛像高四十尺，第十七窟内的弥勒佛像高五十尺，第十八窟和第十九窟的坐像都有近五十尺高。第二十窟由于前壁崩塌，致使内部坐像完全显露出来。膝盖以下被掩埋，其高度大概有四十尺以上。北魏书中所说的高者七十尺、次者六十尺是当时的计量标准，应该同佛像的实际高度相符合。”

关野博士对此也有论说，《中国佛教史迹第二集评解》（常盘大定共著，大正十五年四月刊）第 25 页，智升《开天释教目录》第六，“昙曜”条曰：

“沙门释昙曜……以魏和平年中，住北台，为昭玄统，绥缉僧众，如得其心，住恒安石窟通乐寺，即魏帝之所造也。去恒安西北三十里，武州山北面石厓，就而镌之，建立佛寺，名曰灵岩。龛之大者，举高二十余丈，可受三千许人。面别镌像，穷诸灵巧，龛别异状，骇动人神，栉次相连，三十余里。东头僧寺，恒供千人，碑碣见存，未卒陈委。”“根据这段记事而知，石窟的开凿是在和平元年之后，寺名为灵岩，直到中唐时期还保存着许多碑碣。”

关野博士又根据《魏书》中的“于五级大寺内，为太祖以下五帝铸释迦立像五”推测出，五大石窟是为太祖以下五位皇帝开凿建造的。

明元帝、太武帝、文成帝、献文帝、孝文帝五代，是北魏最为兴盛的时期，西域诸国不断派使节前来朝贡。疏勒国、渴槃陁国、于阗、罽宾、波斯以及其他许多如今已难以考证的国家，他们或贡献良马，或贡献驯象。与此同时，一定带来了佛像、佛画等物品。

《魏书·释老传》还提及了显祖献文帝崇佛的事情：

“显祖即位，敦信尤深，览诸经论，好老庄。每引诸沙门及能谈玄之士，与论理要。初高宗太安末，刘骏于丹阳中兴寺设斋。有一沙门，容止独秀，举众往目，皆莫识焉。沙门惠璩起问之，答名惠明。又问所住，答云，从天安寺来。语讫，忽然不见。骏君臣以为灵感，改中兴为天安寺。是后七年而帝践祚，号天安元年。”

显祖因为皈依佛法，所以常怀有厌世之心。皇兴五年（471），他将皇位让于长子孝文帝，而称太上皇。

北魏治世时期的天安二年（467），高祖孝文帝修建了永宁寺和天宫寺。永宁寺构建了七级佛图，其高约 300 余尺。天宫寺则铸造了释迦立像，高 43 尺，使用了赤金 10 万斤、黄金 600 斤。皇兴中，还建造了三级石佛图，其高有 10 丈。高祖即位后，显祖移居北苑崇光宫，并在苑中修建了鹿野苑佛图。

除此之外，还有许多佛图、佛寺修建于这个时期。诸如建明寺（承光元年建）、思远寺（太和元年建于方山太祖陵寝处。据通志记载，方山位于大同县北 50 里）等。因此，从正光年间起，京城（平城）附近新旧寺院林立，院座百所，僧尼达

2000 人之众。全国的寺院有 6478 座，僧尼的人数有 77258 人。此时期，有众多平民谎称出家，致使无籍的僧尼剧增。为此，维那僧官开始负责审查僧尼的真伪勤怠，强令作假者和不合格者还俗。

由于佛图寺院建造成风，竞相攀比贫富，浪费了大量的钱财。从云冈保存的太和七年（483）的造像记中就能窥探一端。另外，显祖还严禁畜养鸷鸟，可能此鸟在当时还有其他特殊的含义。高祖于承明元年（476）巡幸永宁寺，为良家男女百余人剃发，并赠予他们僧服。至于永宁寺修建于何处，如今已无法考证，但从其宗教氛围自然能够推想到云冈造佛时的盛景。

（三）

在《魏书》中，有几处记载提及了皇帝巡幸武州山石窟寺。下面，就将这些记载连同与此相关的类似记事一一摘录。

“皇兴元年（467）……秋八月……丁酉，行幸武州山石窟寺。”（《显祖纪》）

这年显祖 14 岁。皇兴四年（470）十二月甲辰，他还巡幸了鹿野苑石窟寺。

然后是《高祖纪》。

“延兴五年（475）……五月……丁未幸武州山。”“辛酉幸车轮山，六月庚午禁杀牛马。”这年孝文帝 9 岁。

“太和元年（477）……乙酉车驾祈雨于武州山，俄而澍雨大洽。”

“四年（480）……八月……甲辰幸方山，戊申幸武州山石窟寺，庚戌还宫。”

太和四年，孝文帝 14 岁。方山的思远寺建于太和元年，这应该是他第一次到此巡幸。加之去往武州山石窟寺的往返时间，此次乘车出行用了三日。

“六年（482）……三月……辛巳幸武州山石窟寺，赐贫老者衣服，壬午幸方山。”

在此记事之前，“三月庚辰行幸虎圈。诏曰，虎狼猛暴，食肉残生，处捕之日，每多伤害，既无所益，损废良多，从今勿复捕贡”。顺便说说关于象的记事，“和平元年（460 年，高宗年号）冬十月居常王献驯象”。

常盘、关野二人对于“赐贫老者衣服”是这样理解的：

“之所以这样做，是因为当时孝文帝正在为去世的父亲献文帝做佛事。他巡幸云冈也是为了给其父建造佛像。”“从孝文帝的谥号就能看出，他的心中始终怀着对逝者深厚的追孝，这一点是其他皇帝不能相比的。太和三年（479）六月，方山建起石窟灵泉殿，八月又修建了思远佛寺。这之后，孝文帝于四年（480）八月、五年（481）四月、六年（482）三月、七年（483）七月、八年（484）四月、九年（485）六月、十年（486）六月及七月、十一年（487）五月、十二年（488）四月及七月、十三年（489）四月、十四年（490）正月及七月，大约每年一至两回来此巡幸。其用意，就如佛寺名一样，以表达思远之情。这就不难理解孝文帝为其父祖建造佛像的缘故。第五窟的大石佛恐怕就是他为其父献文帝所雕凿的。”

《释老志》又说：

“八年（484）……六月……戊辰，武周水泛滥，坏民居舍。”

“秋七月，乙未幸方山石窟寺。”

方山石窟寺大概是指灵泉殿或思远寺。

太和十年（486）正月初一，孝文帝身穿衮冕，祭祀天下。十七年（493）九月庚午，行幸洛阳，巡视了旧朝皇宫的遗址。帝对侍臣说：“晋德不修，早倾宗祀，荒毁至此，用伤朕怀。”然后借《黍离》咏怀，为之流泪。壬申，孝文帝游览洛桥、太学，并观摩了石经。

同月丙子，孝文帝诏令六军出兵南朝。丁丑之日，他着戎服准备御马执鞭出征南方的时候，群臣跪拜于马前，请求停止南伐。孝文帝尽管同意了大臣们的建议，但仍决定迁都洛阳。十八年（494）二月甲辰，诏告天下，宣布正式迁都。此后，洛阳取代平城，成为北魏的都城。

（四）

尽管在《魏书·高祖纪》中没有提到龙门造像的事情，但北魏自迁都洛阳后，便开始在那里效仿云冈，大规模地兴建起石窟佛像来。实际上，在迁都之前，洛阳就已经出现了少量的石窟雕像。我早先游览洛阳的时候，欣赏过宾阳洞的石佛，其韵味与云冈佛像有很大差别。两者的风格与样式究竟有什么不同，对此我很感兴趣，也希望能在今后就这一问题有所研究。

高祖孝文帝曾于太和二十一年（497）巡幸龙门。“夏四月庚辰幸龙门，遣使者以太牢祀夏禹。”龙门的造像工程始于太和十九年（495），皇帝于太和二十年（496）四月到此行幸，并不是为了崇佛，而是祭祀圣人。此后，“癸亥行幸蒲坂，遣使者以太牢祭虞舜，戊辰诏修尧舜夏禹庙。”

这一月，孝文帝还巡幸了长安，游览了未央殿、阿房宫、昆明池。

太和二十三年（499）四月，孝文帝驾崩，时年33岁。尽管他生涯短暂，但却是一位成就了宏伟大业的帝王。

之后是世宗宣武帝，他于太和二十三年（499）四月即位，当时只有17岁。翌年正月，改年号为景明。二年（501）九月，征发近畿内男子5.5万人，在洛阳建造市坊，仅历时40天完工。此后，洛阳的街市形成了新的格局。

“正始元年（504）……冬十月……己亥行幸伊阙。”

“永平二年（509）……十有一月……己丑帝于式乾殿，为诸僧朝臣讲《维摩诘经》。”（以上帝纪）

“世宗笃好佛理，每年常于禁中，亲讲经论，广集名僧，标明义旨，沙门条录为内起居焉。上既崇之，下弥企尚，至延昌中，天下州郡僧尼等积有一万三千七百二十七所，徒侣逾众。熙平元年，诏遣沙门惠生使西域，采诸经律。正光三年（522）冬，还京师。所得经论一百七十部，行于世。”（《魏书·释老志》）

根据这些记事，可知世宗崇佛的事情。这一时期，针对僧尼的法令愈加繁琐，佛法在传播的同时，也逐渐变得世俗化。僧尼如同商人一般，出现了私自豢养亲众奴仆的现象。

此时，伊阙（龙门）的造佛工程仍在继续，正始二年（505）中，削去伊阙山体23丈，山顶离地面高度减至100尺，南北长140尺。从世宗景明元年至肃宗正光四年，此处工程用工（一个劳力一日的工作）802366。

肃宗孝明皇帝之时，佛事依旧兴盛。熙平中，在洛阳城内修建了永兴寺，灵太后亲率百臣莅临佛寺佛塔的开工仪式。

帝纪中关于巡幸龙门的记载：“熙平二年（517）四月乙卯，皇太后幸伊阙石窟寺，即日还宫。”“孝昌二年（526）八月戊寅，帝幸南石窟寺，即日还宫。”

肃宗冲龄即位，由其母灵太后执政，纲纪不张，四方祸乱迭起。除了伊阙的工程，洛阳城内也在进行着无休止的佛寺佛塔的建设，占用了三分之一的民居。寺院在市、坊中比比皆是，以致寺多僧少，有些寺内甚至仅有三五名年轻僧人。

梵音与街市的叫卖声此起彼伏，佛塔混杂在屠户的腥臊中，性灵淹没在人的嗜欲里，真伪交混，往来纷杂。从表面上看，佛教异常地兴盛，但实际上它已渐渐陷入颓唐。佛教与国家相互促进繁荣的鼎盛时期已然不复存在。

这之后的事情就没必要记述了。

以上所述北魏崇佛造像的事情引用于《魏书》，通过了解这段史实，我们大概已经能够感受到当时的氛围。另外，我还引用了伊东、关野、松本、常盘等人的论说。至于北魏工匠是依照怎样的范本而兴建佛像的，仍没有得出明确的结论。这个问题并不是靠某人日积月累的努力就能解决的，它需要今后的学界予以足够的重视。当我们亲临云冈，同时参阅《魏书》的“帝纪”、“释老志”时，一定会受益良多。至少我们能够体会到，云冈造佛在怎样的风气下、在怎样的文化氛围里进行的。同时，我创作这篇文章，也是想为那些读不到《魏书》的人提供帮助。

关于云冈石窟，仍有其他亟待解决的问题，比如众多佛像是按照什么顺序兴建的？每一窟具体开凿于何时何代？其中的东方诸窟，关野、常盘二人认为修建于隋代，那其他石窟呢？

另外，云冈的佛像与洛阳、天龙山之间究竟有何异同，这也是我们面临的重要问题。

问题不是一朝一夕就能解答的，既然已被提出，我们就不该置之不理。〔昭和十三年（1938）一月，《文学》[①]〕

①发行于日本岩波书店的杂志。——译者注

摄图一百〇六　抹菟罗发掘的释迦立像（笈多时代最盛期）

摄图一百〇七　云冈第二窟（今第 6 窟）的降魔像

摄图一百〇八　甘肃省敦煌千佛洞

摄图一百〇九　敦煌千佛洞

摄图一百一十　敦煌千佛洞第一百一十一室后壁

摄图一百一十一　敦煌千佛洞第一百一十一室右壁

摄图一百一十二　云冈东方大窟（今第 3 窟）左胁侍

摄图一百一十三　释迦如来像（笈多时代末期）

三、云冈石佛文献抄

大正十年（1921），我们创作《大同石佛寺》的时候，关于云冈石窟的资料少之甚少，研究者也只有伊东、沙畹、塚本、大村、松本等人。因此，书中屡次引用到他们的论说。那之后，相关研究逐渐繁多。时至今日，当我们的书再度出版的时候，必然应该去了解每一项新的研究。所幸，座右宝刊行会的斋藤菊太郎热忱地帮助我们搜集了许多资料，并且最难得的是，他还为我们将这些资料全部抄录下来。这其中，有一些研究成果尚未引起世人的关注。

在整理的过程中我们发现，相关文献资料极为丰富。文章或长或短，超出了我们的预想。下面就将云冈石佛的相关文献呈现给大家。

《魏书》（或《后魏书》）一百二十卷。

北齐魏收所撰。分为帝纪十二卷、列传九十二卷、志十卷。志中将“释志”单列为一篇，在众史中仅有《魏书》如此。参阅“释志”，我们能够很方便地了解到云冈造佛的事情。我所使用的是上海集成图书公司校对刊行的乾隆四年版。在上一篇文章中，我已将书中的记事简要摘录，在此就不再赘述了。

乾隆《大同府志》，清·文光、傅修等撰。三十二卷，乾隆四十七年刊。卷之四“山川之部”曰：

“武州山东距府治二十里，高二里，盘踞三十里，北连雷公山，峪中有石窟寺。后魏高宗时，僧昙曜凿山石壁开窟五所，镌建佛像，雕饰奇伟，冠于一世。显祖、高祖尝幸焉。山下有金耿光禄冢。武周之州，《水经注》《隋书·地理志》皆作，周魏土地记谓之武周塞口。”

卷之六“古镇之部”曰：

“武州山石窟在府西武州山中，元魏高宗时，僧昙曜请于城西武周塞凿山石壁，开窟五所，镌建佛像各一，高者七十尺，次六十尺，雕饰奇伟，冠于一世。显祖皇兴元年行幸武州山石窟寺。四年幸鹿野苑石窟寺。太和四年、六年、七年，屡幸武州山石窟寺。按今寺在府西三十里，左云界特，当时石窟之一迤东十数里，岩壁间，遗迹宛然。旧志载石窟十寺，其名详见祠祀。疑即《水经注》所称，山堂水殿烟寺相望者，已无籍稽考。今城西十五里，佛字湾观音堂犹存。石佛数尊或其遗也。”

卷之八“巡幸之部”曰：

“显祖皇兴元年（467）秋八月行幸武州山石窟寺。”“高祖延兴五年（475）夏五月幸武州山。”“四年(474)夏四月幸白登山。五月幸火山社。八月幸武州山石窟。六年春复幸。”

伊东忠太《中国山西云冈的石窟寺》[《国华》第一百九十七号及第一百九十八号，明治三十九年（1906）十月及十一月号，东京国华社发行]。

《伊东忠太建筑文献》中《见学纪行》一卷及《东洋建筑的研究》上下二卷[昭和十一年（1936），龙吟社发行]。

之前曾提及，在云冈石窟早已被中国的文人学者遗忘的时候，明治三十五年（光绪二十八年，1902年）六月伊东博士于旅途中偶然发现了它，之后云冈便引起了学界的注目。伊东博士最初的相关文章发表于《建筑杂志》第一百八十九号（明治三十五年九月发行），在此次收集资料的过程中，我们并未给予它太多的关注。关于《国华》的论文，据滨田青陵博士的《从云冈到明陵》一文记载，伊东将论文发表在《国华》是因为受到了他的邀请。论文的绪言中记录了云冈石窟被发现时的状态，以及伊东对于长久以来我国学界关于佛像艺术的定论的一些意见。抄录如下：

“明治三十五年（1902）夏六月，我于清国旅行途中，到访山西省大同府城西一个名为云冈的寒村。令我震惊的是，在那里发现了北魏拓跋王朝的石窟寺群，其营造手法奇异独特，至今使我记忆犹新。可以说，这是我亚洲旅行中经历过的最为重要的一件事情。……山西大同是北魏的平城、辽金的西京。最初，我认为北魏的遗迹时至今日大概已荡然无存，未曾想在大同附近探索之时，却于城西三十里处的云冈与一座石窟群不期而遇。就近观察，它的确是北魏时期建造的古刹，经历一千五百年，其容貌依存。它的营造法式与我国推古式全然相符，不仅如此，其中还融入了大量西洋传统艺术的元素，直观上是西方艺术的直系作品。与洛阳龙门石窟寺相比，它们尽管属于同一种艺术，但是云冈却富有更多古典特色。我曾相信：犍陀罗艺术翻越葱岭进入新疆，然后穿过塞外进入朝鲜，最终来到日本，形成推古艺术。发现云冈无疑有力地证实了我的想法，令人欣慰。遗憾的是，当时我还有其他不得不做的事情，因此无法长时间留在那里做研究。另外，在大同附近还有两三处北魏遗迹，我也没有机会对它们进行考察，以与石窟寺作对比。此文所记述的只是石窟寺建筑的概要，精细的研究希望能在日后再访时进行。”

伊东在第一章中这样说：

“依据《魏书》《北史》，北魏拓跋氏出自于黄帝轩辕，其子孙受封，世居于北方。其国因位于大鲜卑山，故号鲜卑。风俗淳朴，尚无文字，刻木结绳，逐水草而居，以射猎为业。黄帝以土德称王，北方习俗称土为托，称君王为跋，所以以托跋（拓跋）为姓氏。汉魏以来，世世代代为索头部可汗，西晋末被封为代王。公元 386 年，拓跋珪（道武帝）即位，改国号为魏，征服四邻，定都平城（398），即今天大同府。409 年帝崩，明元帝即位，始建云冈石窟寺。可见当时拓跋氏已皈依佛教。423 年，太武帝即位，之后灭夏，平北燕，并北凉，逐吐谷浑，破柔然，威震西域，令诸国朝贡。当时，西域诸国皆是佛教国家（399 年，法显途经西域诸国，鄯善以西皆信奉佛教），其佛教艺术同大月氏的犍陀罗艺术相同，理应属于同一种艺术风格。因此，各国争相朝贡的事实必然意味着犍陀罗艺术由此时传入北魏。然而，太武帝于太平真君七年（446）破坏佛像，焚烧经卷，坑杀僧众，为佛教史上“三武一宗之难”的始作俑者。想必当时石窟寺伽蓝的营造工程也因此受到打击，难逃被迫中断的命运。453 年，文成皇帝继位，振兴佛教，重开石窟寺工程。那时波斯、嚈哒、于阗等国朝贡，象征着萨珊艺术传入东方。献文帝即位后，屡屡行幸石窟寺，还亲自监督巡视工程的进行。至孝文帝时，于 493 年迁都洛阳，禁止一切胡语、胡服、胡诗，将拓跋改姓为元，并大规模地隆兴佛教。太和元年（477），西天竺的舍卫国来贡，同年六月巡幸石窟寺，这意味着印度艺术传入北魏，以及石窟寺初步落成。宣武帝时，佛教日渐兴隆，从西域来洛阳的僧人有三千余人，城内佛寺一万三千间，州郡号称有三百万僧众。”

关于大同石佛的雕刻样式与传统，诸家意见不一。在伊东博士的犍陀罗起源说之后，又兴起了笈多起源说，直到现在尚未定论。因此，伊东早年的论说，仍值得当今研究云冈石窟的学者参阅思考。在第一章的末尾，博士这样说：

“我想把北魏的艺术史分为前后两个时期，前期从道武帝起至献文帝约百年时间，即平城时代。此时，拓跋氏仍保留着其风俗、习惯、语言，其艺术与汉人的有很大差别。后期从孝文帝至东西两魏灭亡约百年时间，即洛阳时代。这一时期，拓跋氏已将其语言、风俗、习惯废止，万事万物皆模仿汉人。因此，与前期的艺术相比，后期的艺术品中除了保留了前期中西域（犍陀罗）及西洋古典艺术元素之外，大量地融合了汉族的艺术风格。前者以大同云冈石窟为代表，后者则以洛阳龙门石窟为代表。云冈石窟寺在东洋艺术史的版图中究竟处于怎样的地位？”

下图是伊东博士的佛教美术系统图，其长久以来一直是众研究者的指南。

另外，博士探究了云冈诸窟所表现出的建筑手法，并且对希腊、印度之影响与中国固有文化传承之间的关系进行了阐述。

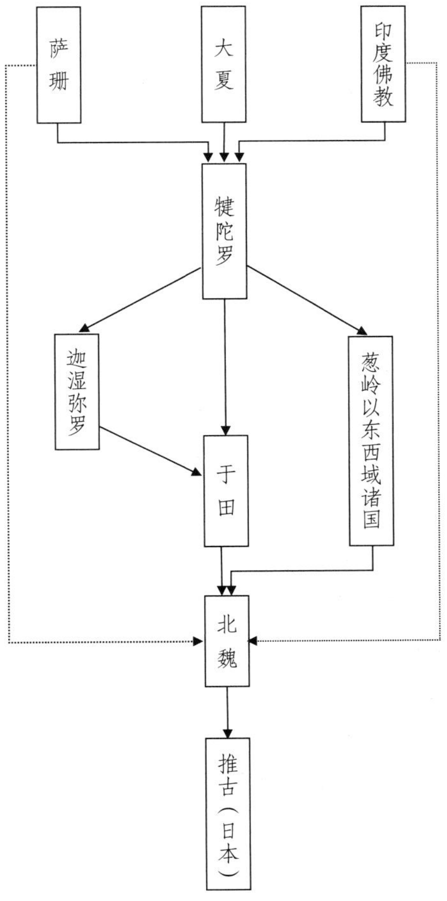

E.Chavannes: Mission archeologique dans la chine septentrionale. Paris 1908–1915.

沙畹（Edouard Chavannes，1865—1918) 是一位优秀的汉学家。他 27 岁时成为法兰西公学院教授，37 岁时成为法兰西学会会员。在中国考古学领域，他于 1893 年开始研究画像石，1902 年和 1907 年分别考察了龙门和云冈。其研究成果汇集于上文数次提及过的两部摄图集中。不仅在欧洲学界，包括日本，很多人都是通过这部书才开始对云冈有所了解。我在《云冈日记》中也屡次引用其书中的内容。

塚本靖《清国内地旅行谈》〔《东洋学艺杂志》第三百二十一号—第三百二十五号，明治四十一年（1908）六月—十月〕。

此书是明治三十九年（1906）八月至四十年（1907）一月间，塚本在河南、陕西两省进行学术考察的记录。旅行之初，关野博士与他同行。

塚本靖《续清国内地旅行谈》〔《东洋学艺杂志》第三百三十—第四百六十号，明治四十三年（1910）三月—大正九年（1920）一月〕。

开篇言道：

“此番旅行，于去年八月十四日由东京出发，历游直隶、山西、河南、山东四省，至同年十二月二十八日回国。”

此书是明治四十二年(1909)八月至同年十二月的旅行记录。关于云冈的记事，出现在《续》的“其三”部分（《东洋学艺杂志》第二十六卷，第三百三十五号，明治四十二年八月发行）。

关于云冈石窟创建的年代有两种说法：其一，始建于神瑞年间（北魏明元帝神瑞元年，414 年）。《大清一统志》大同府条石窟寺注引用通志：“元魏建，始神瑞终正光，历百年而工始完。”其二，《山西志辑要》大同府大同县祠庙陵墓条灵岩寺注：“后魏高宗时，昙曜白帝凿石壁，开窟五所，镌佛像各一，高者七十尺，次者六十尺。”此《山西志辑要》的文字源于《魏书》卷一百一十四“释老志”。“昙曜以复佛法之明年（高宗复兴佛法是在兴安元年，翌年即兴安二年），昙曜白帝于京西武州山塞凿山石壁开窟五所，镌建佛像各一，高者七十尺，次者六十尺，雕饰奇伟，冠于一世。”《大清一统志》所引用的通志出典不明，所以《魏书》的说法更为可信，即石窟寺开凿于北魏文成帝兴安二年。

“龙门石窟的佛龛佛像大多镌刻着建造年代，但云冈石窟中除了一座窟内的太和年间铭文、西方石窟外一处已然剥落难辨的铭文，以及道昭僧人的铭文之外，没有任何文字可寻。”

又说道：

“那么，石窟寺是指此山腹一带所有洞窟的总称，还是指其中的一部分？《山西志辑要》中所谓的灵岩寺究竟是指哪一片区域，不得而知。最初，这里曾有十座寺庙，记载如下：石窟十寺在大同府治西三十里（中略），一同舛，二灵光，三镇国，四护国，五崇福，六童子，七能仁，八华严，九天宫，十兜率，内有元载所修石佛十龛。(《通志》)

就云冈的现状而言，山腹一带洞窟的中央有一处寺阁，今称石佛寺或大佛寺。其依山崖而建，四幢四层高楼并列而立，前方有客室、天王殿、钟楼和山门等建筑。寺阁兴建于清顺治八年（1651），如今仍保留着当时的建筑风格。”

“凿石开山，因崖结构，真容巨壮。山堂水殿，烟寺相望，林渊锦镜，缀目新眺。”(《水经注》)

“本朝顺治八年总督修养量重修，其山最高处曰云冈，冈上建飞阁三重，阁前有世祖章皇帝御书‘西来第一山’五字，康熙三十五年圣祖仁皇帝征幸寺中，赐御书‘庄严法相’匾额。”(《大清一统志》)

“石窟寺东方诸窟中最具观赏的，是造纸场后面山洞中巨大的呈端严微妙相的佛祖本尊，及其左右两座胁侍。洞窟前方用天然石凿刻着两根并立的石柱。另有两座东方石窟，其中央也凿刻有塔形石柱，颇具风格。在西方，则有许多洞窟被民家所占用，其中有许多大型佛像和建筑雕饰。若对此处的诸窟诸佛进行精细的研究，我们一定能够从中了解到日本艺术的渊源。这着实使我感受到莫大的乐趣。我相信，即便不是研究学者，只要是到访大同的人，就值得花费一天的时间，来领略如此优秀的文化遗产。此番与我一同去蒙古探险途经此地的理学学士出口雄三，理科大学学生丰原信一郎，以及上海同文书院的六七名学生，都对云冈石窟赞叹不已。”

大村西崖《中国美术雕塑篇》〔大正四年（1915）六月，佛书刊行会发行〕。

大村西崖《元魏的佛像》[《东洋美术大观》第十三辑，雕刻之部。大正四年八月，东京审美书院发行]。

下面，我将摘录第二本书中的内容。

“如今，眼前这座灵岩石像中最为古老伟大的作品，正如唐朝的道宣法师所描述的那样，唇厚目长，颐腴挺然，丈夫之相。它崇高雄伟的气质，是后代任何艺术品都无法复制的，如此赞誉并不过分。石佛寺东方石窟中的大佛及其胁侍，以及西方石窟中的一尊大佛，都具备同样的面貌姿态，那既不是印度的风格，其身上似乎也看不到汉人的影子。第二窟（今第 6 窟）下层及第六窟（今第 10 窟）的诸像上均有后世的补彩，尽管不是原有模样，但仍不失温雅之相。如同魏末高齐时期的佛像,虽然线条不再柔和,但依旧保留着旧时的面影。第二窟（今第 6 窟）上层和第十二窟（今第 16–1 窟）诸像也都是如此。衣着的雕刻手法，其最常见的特征就是露天大佛衣领上的褶线。这种风格于太和、景明年间被龙门古阳洞建造的诸像作品所传承，但是到了魏末时期，便不复存在。佛顶上的发髻如同峨冠一样大，与典型的印度佛像不同。坐姿有结跏、交脚、并脚三种。结跏与印度及其后世的佛像没有太大差异，并脚也与印度的倚像类似。然而，交脚的姿势却与印度的萨埵跏或轮王坐全然不同，特别是两脚交叉的倚像在魏末高齐之后便无迹可寻了。我想，这种创意一定源于拓跋氏的风俗。手相中的说法手和合掌手，均与印度及其后世的佛像相同。此外，还有一种我无法命名的手相，它与定印相两手上下重叠不同，而是前后重叠。或许这也能够证明灵岩佛像在建造之时并未完全以印度佛像为蓝本。同样，这种手相在魏末之后也消失了。上述都是灵岩佛像独有的特征，它们既不是印度风格，也不是汉人的容貌姿态，我想那一定是鲜卑拓跋氏理想中的大丈夫形象。我曾研究过北魏时期佛像的由来，最初从印度古佛像入手而不得，之后便将希望寄托在了中亚的文物上。龟兹、于阗的文物大概与犍陀罗艺术品极为相似，因此我猜想，在敦煌、高昌等地一定会发现能够将犍陀罗艺术与北魏艺术相联系的文物，可事实却并非如此。近年来，斯坦因及西本愿寺发掘出的文物只是说明唐土文化的西流，却不能印证西域佛像艺术的东进。至此，我开始认为，北魏的佛像形式完全源于鲜卑拓跋氏的独创。至于开凿石窟这种形式，应该是模仿古代印度。我曾到访过印度的阿旃陀，那里在公元 1—2 世纪便已开始建造石窟寺。此形式由前秦、北凉、鲜卑拓跋等胡人从沙鸣、三危等西陲渐渐带入中国。”“汉人的文明向来是伟大的，五胡尽管以武力逞一时之强，但终究还是被完全同化。孝文帝于太和末年迁都洛阳，并将拓跋改姓为元，这种做法前所未有。北魏佛像艺术并没有长久地保留其原有特色，在同汉文化融合的过程中产生变化，最终流传至日本，形成了所谓的推古艺术。灵岩（云冈）的北魏造像形式在太和、景明时期的龙门佛像中仍有体现，而后逐渐变化，在魏末高齐时演变为新的形式。这就是灵岩的后期佛像与早期作品在气质上存在明显差异的原因。”

松本文三郎《中国佛教遗物》〔大正八年（1919），大镫出版社〕。

松本博士于大正六年（1917）与羽溪了谛一同参观了云冈。本文已经引用了书中的许多内容，在此就不再记述。

关野贞《西游杂信上——中国之部》〔《建筑杂志》第三二辑，第三八四号，大正七年（1918）十二月。第三三辑,第三九三号,大正八年（1919）九月。第三、四辑，第三九七号，大正九年一月〕。

关野贞《西游杂信下——关于印度的佛教艺术》〔《建筑杂志》第三、四辑，第三九七号，大正九年（1920）四月。文章的一部分经过订正后，被转载于艺术出版社的《美术讲座》上〕。

这两篇文章均收录于今年九月由岩波书店出版发行的《中国的建筑艺术》(关野博士论文集)一书中。拙稿《大同石佛杂话》中引用了第二篇文章中的一些内容。第一篇文章中有“云冈和龙门”一章，但只是概括性地对两者进行比较，并没有就细节问题加以论述。

博士受政府之命，于大正七年（1918）二月至翌年四月对朝鲜、中国、印度进行了考察。这两篇文章记载的正是当时的见闻与考证。

陈垣《记大同武州石窟寺》(《东方杂志》第十六卷，第二、三号，1919)。

这篇文章应该是近代中国关于云冈石窟的最早记录。从最近某报纸上刊登的山本实彦的文章中得知，陈垣是当今中国文化界赫赫有名的人物，同时还是中华民国众议院议员。他的文章中引用了《魏书·帝纪》、《魏书·释老志》，以及《水经注》《续高僧传》《大唐内典录》《雍正朔平府志》等书的内容。

Friedrich Perzynski: Von Chinas Gottern. Munchen 1920.

关于云冈的记事，在书中第 179 页至第 217 页。

木下杢太郎、木村庄八共著《大同石佛寺》〔大正十年（1921），中央美术社发行〕。

新海竹太郎、中川忠顺《云冈石佛》〔大正十年（1921）九月，文求堂及山本写真馆发行〕。

书中 300 幅摄图中共收录了 200 幅照片，均由山本照相馆印发。此外还有日文序 2 页，英文序 3 页。序中说道：

“印度石窟寺的制式随着东渐，慢慢失去了其殿堂式的外观。在这里，殿堂被微缩于石窟式的佛龛中，此形式传承了中国艺术的特色。佛像的样式尽管有印度风格，但展现出的依旧是汉人本色，因此不失为典型的中国艺术。”

常盘大定《访古贤迹》〔大正十年（1921），金尾文渊堂发行〕。

常盘博士步我们后尘，于大正九年（1920）十月十一日到访云冈。相关记事在其书中第 141 页至 150 页。下面，摘录其中的一部分：

“北魏废佛发生在太武帝 30 岁的时候，司徒崔浩是这场浩劫的主谋。太武帝 8 岁即位，翌年，在崔浩的劝说下，奉道士寇谦之为天师。之后，崔浩的任何抑制佛教的想法均通过太武帝得以实现。尽管太武帝是当时的皇帝，所谓太武灭佛也不能把责任完全归咎在他一人身上。灭佛的主导者无疑是能够左右皇帝的崔浩。文成帝在诏书中说：‘有司失旨，一切禁断。’大概就是指司徒崔浩等人。这篇诏书多少能够体会到忏悔灭罪的意味。”

“因此，兴建云冈石佛，一定包含了北魏皇帝真挚的忏悔追孝之情。云冈艺术不仅仅是艺术，其中还蕴藏着一种虔诚的信念和痛切的情绪。此次与我同行的还有 5 位国外的佛教艺术家，他们都曾参观过印度的石窟寺。对于大同云冈，他们都不惜赞美之词地称其为千古佛教艺术，我想正是云冈石窟的历史情结打动了他们。石佛实际上从反面能够对废佛事件有所印证，佛像愈是雄大，似乎愈是说明了废佛的残酷。”

同年（1920）十一月二十一日，我们曾想去龙门石窟参观，但没有得到当地县政府有关部门的许可。

（1917年，我到访过龙门石窟，但只有短短3个小时。）常盘博士在十一月九日去了龙门，凭着其坚强的信念，完成了对龙门的考察。

小野玄妙《远东的三大艺术》〔大正十三年（1924），丙午出版社发行〕。

其中第21页至118页为“云冈石窟寺”（主要论述云冈与敦煌千佛洞造像之间的关系）。

“关于大同的佛像，我在数年前进行过考究。只不过我同其他学者的意见并不一致。站在历史学的研究立场上而言，云冈石窟既不是笈多艺术，也不是北魏独创的艺术，而是犍陀罗及西域传播而来的大陆系文化。历史上，佛教往来及西方文化东渐已是不争的事实。造像方面，佛像的头发、后光、台座等也同犍陀罗风格有所契合。这是我持有上述主张的基本原因。至于云冈与中印度造像之间的关系，可以说是极为轻微的。在印度佛教历史上，现存的遗迹大多产生于笈多王朝以前，由于时代不同，所以不能断定大同佛像是否直接以其为蓝本。就笈多朝后期的作品来看，其与云冈之间也存在着诸多差异。”

“另外，去年夏天，在高楠顺次郎先生的指导下，我考察了敦煌石窟佛像。其中由佩里奥命名的第111窟造像完全就是大同佛像的先迹。经过长期研究，以及最近所获取的新知，当我再一次对北魏大同的造像进行全面观察的时候，我最终坚定地认为，诚如伊东博士最初提倡的那样，它的确是犍陀罗佛教艺术的延伸与发展。”

“大同佛像作为犍陀罗佛教艺术的延展，继承了于阗、龟兹、高昌、敦煌等大陆系文化，并模仿了它们的造像形式。就这一点，我提出五点理由。”

他的五点理由是：一、窟寺构造一致；二、建造手法一致；三、造像主题一致；四、创作者的信仰一致；五、历史事实。

就第三点，我在此做少许摘录。

“窟内壁面上的佛图，也曾出现在阿旃陀等地。至于燃灯佛授记的图像，则是犍陀罗和西域佛教艺术中特有的。此图像不仅出现在犍陀罗一些地方，在西域高昌等地也有相同绘画主题的作品。然而，在南方的印度却无迹可寻。在大同的石窟中发现这种图像，对证明此地造像与犍陀罗佛教艺术存在紧密联系提供了有力的证据。”

另外，历史事实方面，“先从北魏建国史来看，他们在统一中国北方后，就将凉州至敦煌一带纳入其势力范围。当时，在凉州有蒙逊建造的石窟。另外，敦煌石窟也距北魏国不远。因此，北魏的工匠若寻找石窟蓝本，定然会从这两个地方入手。而且，自东晋以来，法显、智严等僧人去印度求法时，十有八九都曾路经西域进入犍陀罗，并在那里拜谒四大本生塔、那竭佛影，以及当时被称为天下第一的雀离浮图。犍陀罗佛教艺术从那时起便开始东渐。所以，北魏营建佛像石窟，必然受到凉州、敦煌石窟的直接影响，以及犍陀罗艺术的间接影响”。

小野在文中使用了“大陆系文化”一词，这其中包含了“大陆系佛教艺术形式”的意味。或许也可以称其为“北方系文化”。我想，此概念将会适用于今后的学术研究中。小野认为，敦煌和云冈的造窟造像形式有许多相同之处，因此敦煌石窟应该是云冈石窟的先迹。但是，他并没有对敦煌各石窟建造年代进行考证，特别是上述提到的由佩里奥命名的敦煌第 111 窟，究竟开凿于云冈之前，还是同时代，甚至是云冈之后，解决这个问题才是提出此论点的第一要务。就此，我将在后文中摘录大口理夫《云冈石窟像的塑造性倾向》的内容，请参考。

在拙稿成文之前，小野曾通过斋藤菊太郎向我传递了他对云冈石窟中降魔像（摄图一百〇七）的一些看法。小野已记不清此像位于第几窟，我想大概在沙畹命名的第二窟（今第 6 窟）中。参阅了水野清一《云冈石窟调查记》，这一点得到了确认。这尊降魔像，起源于早期佛像艺术形式。一般而言，释迦降魔像其表现为右臂下垂，掌心向外。其印相被称为降魔印。阿旃陀等地的降魔像就是这种形态。敦煌第 135 窟的开凿年代虽然较晚，但也具有同样的造型（Mission Pelliot en Asie Centrale des Grottes Touen-Houang, Paris 1920-24,P1.CCLXIII）。后世的降魔像除了手掌向内之外，其余部分皆与上述形式相同。然而，云冈的降魔像却与施无畏印（手臂弯曲、掌心向外）相结合，这种形式在古代印度南部阿玛拉瓦蒂（Amaravati）尚有一例，是 3 世纪至 4 世纪的遗迹。福歇尔图谱（A.Foucher：Beginning of Buddhist Art. Revised and Translated by L.A.Thomas. Paris & London 1917. PL.IV.）中所收录的笈多朝降魔像，皆是手臂下垂手指触地。由此可以推断出云冈继承的是早于笈多时期的佛教艺术形式。小野认为，云冈石窟没有受到笈多艺术的直接影响，以上事例或许能够对其观点有所佐证。

Osvald Siren: Chinese Sculpture: From the Fifth to the Fourteenth Century, Over 900 Specimens in stone, Bronze, Lacpuere and Wood, Principally From Northern China: With Descriptions and an Introductory Essay. 4 Vols, Ernest Benn Ltd, London 1925.

"北魏时代"这一章中（Northern Wei Dynasty）（第一卷第 8 至 20 页。第二卷，摄图十七至七十四）有关于云冈石佛寺雕刻的记事和摄图。特别是摄图，不仅图幅大，而且摄影水平极高。本书对每一个洞窟都做了详细的介绍（摄图解说），另外还参考了关野、佩里奥著作中的一些论点及平面图。因此，作者在卷首对这两位学者表达了敬意。

关于石窟的开凿年代，作者引用了《山西通志》的内容：

"According to the 'Shanxi Tung chih' (as quated by Chavannes, Mission, Tom. I) the work of the cave temple was begun in the Shen Jui period (414–415) and ended in the Cheng Kuang period (520–524). But none of the preserved sculptures can be dated on stylistic grounds before the 5th century."

关于世祖废佛的记事：

"About 450, a strong revival of the Buddhist religion set in, particularly under the patronage of the Emperor Wen Cheng Ti (452–465), and it seems probable that many of the cave temples at Yun Kang were the direct results of this new religions fervour."

关于东方第三窟的特点：

"In addition to this some important sculptures have been added in later periods, as for instance, those in Cave III, which clearly reveal the characteritics of the Sui period."

常盘大定、关野贞共著《中国佛教史迹评解》（二）〔大正十五年（1926），佛教史迹研究会刊行〕。

这本书对图文巨著《中国佛教史迹》进行了注解。

与云冈相关的记事出现在本书第二章（第 24 页）"山西云冈"中。两位学者的记述和评论颇具参考价值，因此我已将这部分内容摘录在拙稿《云冈佛龛的名称》一文中。两人将云冈东方大窟称之为"云冈第三窟"或"隋大佛窟"，他们认为其兴建于隋代。具体内容请参阅《云冈佛龛的名称》。

但是，诚如两人所言，这一问题至今没有明确的答案。梁思成、林徽因、刘敦桢三位学者对其观点怀有疑问，他们的论议同样有理有据（之后记述）。

本书已对云冈第十一窟(沙畹第七窟)的太和七年铭文做了详尽的叙述。常盘、关野两位在他们的文章中记载了发现铭文的经过：

“1919年9月，大同人古钦明携带望远镜去云冈游玩，偶然发现了窟内东壁上部的造像铭文，并制作了拓本。随后，这件事便被宣传开来。实际上，早在1908年9月，工学博士塚本靖在云冈考察时就发现了此铭文。另外，在早崎梗吉于1909年8月到访云冈时所拍摄的照片上，也能清晰地看到这段铭文，以及其左上方‘大势至菩萨、观世音菩萨’等字样。当时，早崎辨识出太和七年的文字，并在离去之前，嘱咐寺僧制作拓本。这两位学者均没有亲自制作拓本，也未将此事公诸于世，所以世人在古钦明发现之前，对这段铭文一无所知。”

还有一段铭文位于第十一窟“立佛三洞”(今第18窟)窟内上明窗东侧壁下部，约离地4丈高的位置。它是由久居北京的岩田秀则于1925年10月发现的。铭文是这样记载的：

“大代太和十三年，岁在己巳九月壬寅朔，十九日庚寅，比丘尼惠定，身禺重患，发愿造释迦多宝弥勒像三区，愿患消除，愿现世安稳，戕行福利，道心日增，誓不退转，以此造像功德逮及七世父母，累劫诸师，无边众生，咸同斯庆。”

关野贞《关于云冈石窟的年代和其样式的起源》(收录于《关野论文集》卷四《中国的建筑和艺术》)中。

这篇文章是大正十五年（1926）四月十五日，关野于建筑学会创立10周年纪念特别大会的演讲稿。其内容大多来源于《中国佛教遗迹评解》，在此就不再介绍了。

滨田青陵《从云冈到明陵》〔《佛教美术》第六、七册及第九册。大正十五年（1926）五月、八月、十二月发行〕。

明治四十四年（1911）九月，滨田与狩野、内藤、小川、富冈等人把在敦煌发现的古经带回北京作研究。此后，他又同小川到访了龙门。大正十四年（1925）

九月，滨田再度来到中国，与太田喜二郎、原田淑人等人一同参观了云冈。这部书是他中国旅行的记事录。滨田在从露天大佛向西的第八座石窟（今第28窟）中的二尊佛上方发现了一段铭文，其年号、主要内容已经无法辨识，11行字中仅能判读出数十字。

“□□事大……幽□□惟中□□□□……□后□兴□……□……故节……□实汾……之……如此在□尝……□此福使亡妻□□更……前光母四躰休罪业……调……□□老李自愿门□……丰□用之……”

《东洋历史参考图谱》第五辑解说〔东京历史参考图谱刊行会发行，大正十五年（1926）石田干之助、圀下大慧编撰〕。

梁思成、林徽因、刘敦桢《云冈石窟中表现的北魏建筑》〔《中国营造学社汇刊》第四卷，第三、四期合刊本，民国二十二年（1933），中国营造学社刊〕。

这篇文章由三位中国年轻的建筑学者共同创作，内容不甚翔实，提出的观点也与伊东、关野等人相近。

下面，我将引用文章中关于东方大窟（关野称“隋大佛洞”）的议论。

“我们认为最稀奇的是东部未竣工的第三洞。此洞又名灵岩，传为昙曜的译经楼，规模之大，为云冈各洞之最。虽未竣工，但可看出内部佛像之后，原计划似预备凿通，俾可绕行佛后的。外部更在洞顶崖上，凿出独立的塔一对。塔后石壁上，又有小洞一排，为他洞所用。以事实论，颇疑此洞因孝文帝南迁洛阳，在龙门另营石窟，平城（即大同）日渐衰落，故此洞工作半途中辍，但确否尚须考证。以作风论，关野、常盘谓第三洞佛像在北魏与唐之间，疑为隋炀帝纪念其父文帝所建。新海、中川合著之《云冈石窟》竟直称为初唐遗物。这两说未免过于武断。事实上，隋唐皆都长安、洛阳，绝无于云冈造大窟之理，史上亦无此先例。且即根据作风来察这东部大洞三尊巨像的时代，也颇有疑难之处。”

“早期异国情调的佛像，面容为肥圆的，其衣纹细薄，贴附于像身（所谓湿褶纹者），佛体呆板、僵硬，且权衡短促，与他像修长微笑的容貌，斜肩而身长，质实垂重的衣裾褶纹相较起来，显然有大区别。现在这里的三像，事实上虽可信其为云冈最晚的工程，但相貌、衣褶、权衡，反与前者所谓异国神情者，同出一辙，骤反后期风格。”

“不过在刀法方面观察起来，这三像的各样刻工，又与前面两派不同，独成一格，这点在背光和头饰的上面，尤其显著。”

“这三像的背光上火焰，极其回绕柔和之能事，与西部古劲挺强者大有差别。胁侍菩萨的头饰则繁复精致，花纹更柔圆，近于唐化气味（论者定其为初唐物或即为此）。佛容上耳、鼻、手的外廓刻法，亦肥圆避免锐角，项颈上三纹堆叠，更类他处隋代雕像特征。”

“这样看来，这三像岂为早期所具规模，至后（迁洛前）才去雕饰的一特殊情况下遗留的作品？不然，岂太和以后某时期中云冈造像之风暂敛，至孝文帝迁都以前，镌建东部这大洞时，刻像的手法乃大变，一反中部风格，倒去模仿西部五大洞巨像的神气？再不然，即是兴造此洞时，在佛像方面，有指定的印度佛像作模型镌刻。关于这点，文献上既苦无材料帮同消解这种种哑谜。东部未竣工的大洞兴造年代，与佛像雕刻时期，到底若何，怕仍成为疑问，不是从前论断者所见得那么简单‘洞未完竣而辍工’。近年西次洞又遭凿毁一角，东部这三洞，灾故又何多？”

我们都觉得梁、林、刘三位的想法很有道理。关野博士认为：“隋炀帝为其父文帝建造三尊佛，其东方同类型者是为其母后所建……但未能完工。”这种判断，过于出人意料，有不切实际之嫌。

所谓三尊佛是隋唐时期的遗物，大概是因为它们与龙门奉先寺大佛有相似之处。然而，在没有文献记载的情况下，仅通过样式加以判断，毕竟只是空想。如今，只能将这一疑问暂时搁置。

谁都不能马上获得他想读到的学术杂志，因而，我在此想进一步地介绍中国年轻学者的论议。就从其使用的学术用语来看，他们深受我国学界的影响。

“……佛像的容貌衣褶，在云冈一区中，有三种最明显的派别。第一种是带着浓重的中印度色彩的，比较呆板僵定，刻法呈示在模仿方面的努力。佳者虽勇毅有劲，但缺乏任何韵趣。弱者则颇多伧丑。引人兴趣者，单是其古远年代，而不是美术本身（大概是指露天大佛吧，这绝对是非美术角度的妄断）。”

“第二种佛容修长，衣褶质实而流畅。弱者质朴庄严，佳者含笑超尘，美有余韵，气魄纯厚，精神栩栩，感人以超人的定，超神的动，艺术之最高成绩，苍翠于一痕一纹之间，任何刀削雕琢，平畅流丽，全不带烟火气。这种创造，纯为汉族本其固有美感趣味在宗教艺术方面的发展。其精神与汉刻密切关联，与中印度佛像，反疏隔不同旨趣。”（“烟火气”大概是卖弄风情的意思。虽然不知道他们所说的第二种类型具体是哪些，但云冈中确实有符合这种评价的佛像）

“飞仙雕刻亦如佛像，有上面所述两大派别，一为模仿，以印度像为模型。一为创造，综合模仿所得经验，与汉族固有趣味及审美倾向，作新的尝试。”

“这两种时期距离并不甚远，可见汉族艺术家并未奴隶于模仿，而印度犍陀罗刻像雕纹的影响，只作了汉族艺术家发挥天才的引火线。”

“云冈佛像还有一种，只是东部第三洞三巨像一例。这种佛像雕刻艺术，在精神方面乃大大退步，在技艺方面则增加谙熟繁技，讲求柔和的曲线、圆滑的表面。这倾向是时代的，还是主刻者个人的，却难断定了。”

另外，关于云冈石刻中的建筑样式，他们说：“大部为中国固有方式，并未受外来多少影响，不但如此，且使外来物同化于中国，塔即其他例等等。”

《震旦旧迹图谱·云冈石窟》〔昭和八年（1933），东京青山写真场〕。

山本明久居北京，并经营着一家照相馆。大正九年，在我们考察云冈之后，他也到访了那里。他拍摄了数十张清晰的照片，其中有 30 张收录于《大同石佛寺》中。之后，他再度前往云冈，拍摄了 260 多幅照片。8 年前，他回到东京，如今居住在东京府下吉祥寺。此次本书再版发行，其中所收录的摄图皆取自于他所拍摄的照片。山本明在昭和八年（1933）创作了《震旦旧迹图谱》，其中关于云冈石窟的摄图就有 100 多张。另外，书中还有伊东忠太的序，以及田边泰的注解。

水野清一《六朝佛像艺术中的汉代传统》〔《东洋史研究》第一卷第四号，昭和十一年（1936）四月，东洋史研究会发行〕。

本书指出，印度、西域的佛教艺术不仅影响了北魏、隋（300—580）的艺术形式，而且对汉代以来中国固有艺术的发展也产生了积极的作用。云冈石窟中佛寺建筑（特别是佛塔）以及佛像（特别是天盖、狮子、炉等附属品）均是对中国古典艺术的传承。

关于这一问题，水野在书中引用了一些近年来我国学者的论文，其中包括：

滨田耕作博士《关于法隆寺建筑样式和中国六朝建筑样式》(《内藤湖南博士花甲庆贺——中国学论丛》)；

水野清一《中国六朝的石窟寺与法隆寺的塔》(《梦殿》第十册)；

大谷胜真《关于中国佛寺造立的起源》(《东洋学报》第十一卷)；

伊藤清造《佛塔的起源》(《中国的建筑》)；

田中丰藏《中国佛寺的原始形式》(《美术研究》第十六号)。

水野对此总结说：

“如上述文章所论及的，佛塔建筑及庄严的佛像形式作为佛教艺术的中枢，其中蕴含着深厚的汉代艺术传统。因此，六朝佛教艺术中的汉代因素是不能被否认的。我想强调，六朝佛教艺术是在汉代艺术基础上发展而成的新的艺术形式。”

水野清一《关于云冈石窟中的昙曜五窟》〔《中国佛教史学》第一卷第二号，昭和二年（1927）七月〕。

“云冈初创期在和平元年至末年（460—466），所建成的第十六窟至第二十窟。此五窟在石窟的构造上尚未定型，各像的形态没有反复出现，其样式尽管有待完善，但却凸显出了独特的个性。从石窟构造而言，工匠将精力全部集中在造像上，因此大佛几乎占据了石窟的全部空间。即便石窟的整体空间感缺少调和，却依旧能够展现出处于蓬勃发展时期的拓跋氏其强烈的造像意识。”

水野清一《北中国石窟构造论》〔《史林》第二十三卷第一号，昭和十三年（1938）一月发行〕。

“中国历史上开凿年代最早的石窟大概是敦煌石窟。甘肃省敦煌千佛洞始创于前秦长始三年（353），或是建元二年（366）。接着，是北魏文成帝（460）于山西省大同云冈开凿的石窟寺院。继而，北魏孝文帝迁都洛阳（493）之后，于洛阳附近的伊阙龙门又兴建了石窟。那之后，北魏衰亡，分裂成东、西魏（535），进而又被北齐和北周（500—580）所取代。北齐建都于邺，以晋阳为陪都。于是营建了晋阳以西的天龙山石窟和邺城以西的响堂石窟。同时代，在山东省济南黄石崖、龙洞大佛寺、肥城莲华洞均开凿了石窟。魏隋之际，还兴建了宝山小石窟。隋唐时代，除敦煌、龙门、天龙山之外，山东云门山、驼山等地也开展过造窟工程。

特别是驼山石窟，其营建集中于隋代。”

“从构造角度而言，可以将上述遗迹分为以尊像为中心的石窟和以塔庙为中心的石窟。云冈以尊像为主、石窟为辅。而龙门则是尊像与石窟紧密结合。北魏的尊像窟除了圆形圆顶的形式之外，在一些小规模石窟中也出现了方形平顶的形式。但是到了北齐时代，造窟的原理发生了巨大的变化。石窟平面呈方形，天井处呈截去尖头的锥形，断面则呈梯形。”

“隋唐石窟同时具备了圆形圆顶和方形平顶两种形式，前者（中尊远离后壁面）兴盛于隋代及初唐，后者兴盛于初唐盛唐之间。学界认为，在方形平顶的洞窟中，中尊位于中庭的这种构造形式就是出现在这一时期。”

“北魏石窟凸显出求心性，北齐石窟凸显出分散性。到了隋唐，石窟的建造又使分散性的倾向趋于统一。”

“塔庙窟在云冈石窟中十分显著。龙门石窟少有这种形式，巩县石窟虽有，但大多是单层塔形式。北齐时代，在响山堂石窟中仍能看到一些方形塔柱，但在天龙山的隋窟中，这种样式便无迹可寻。”

“塔庙窟向尊像窟的转变，代表了塔庙朝拜向尊像朝拜的变迁。同时，也是对寺院建筑从塔中心向殿堂中心变迁的一种真实写照。”

“塔庙朝拜是与释迦舍利或释迦灵迹相关的一种信仰。北魏时代，对释迦的信仰是最为主要的。北齐、隋唐时代，信仰从释迦佛祖身上逐渐转移至分立于各壁的四方诸佛。不同的佛发挥着不同的作用，转化为具有特殊性能的神灵，进而形成了诸佛共存的净土。比如阿弥陀佛、弥勒佛、药师佛、卢舍那佛，均脱离佛祖本身而具备了独特的性质。唐代以后，石窟营造骤然衰落，我想这绝不是偶然。”

水野清一《大同通信》〔《考古学》第九卷第八号，昭和十三年（1938）八月，东京考古学会发行〕。

水野清一《大同再信》〔《考古学》第九卷第九号，昭和十三年（1938）九月〕。

作者在云冈停留了 65 天后，于六月二十一日返回大同。之后，他调查了北魏平城遗址，在今大同城墙内侧收集到许多绳席文陶器的碎片。后一篇文章记录了他在大同进行调查的事情。

水野清一《云冈石窟调查记》〔《东方学报》京都第九册，昭和十三年（1938）十月发行〕。

昭和十三年（1938）四月中旬至六月中旬的两个月间，水野与羽馆易、小野胜年（东亚考古学会的中国留学生）、米田太三郎（飞鸟园主）、徐立信（拓工）等人对云冈石窟石佛进行了精细的考察。期间的见闻、行动、感想均记录在这篇文章中。华北自治政府、驻屯军、领事馆等都对他们给予了援助。

水野说："石窟同10年前比没有太多变化。""变化的是卢沟桥事变之前，随着云冈开放而修建了车道、别墅和白墙的医院。""事变之后，当地民众减少了出行，云冈也变得冷冷清清。"

关于第五窟（沙畹第一窟），"北壁和东西壁合而为一，形成巨大的圆顶。南壁独立于内室，构成凸曲的平面。大佛背后有隧道，其内部有浮雕列像，但均已磨损，难以辨认。这是我在之前的考察中所没有发现的。"我们在考察此窟的时候，也发现了这条隧道，由于浮雕破坏严重，所以没有对其写生和记录（《云冈日记》九月十九日）。

另外，在以佛传图闻名的第六窟（沙畹第二窟）中，除了我们熟知的本生谭图像之外，水野还在方柱的四隅、上窗左右、周壁中层，分别发现了释迦诞生前后的图像、出家后（白马离别、树下沉思）的图像，以及降魔成道、初转法轮的图像。"我们没有找到释迦传记中记载的涅槃像，而是找到两幅降魔成道的图像。"

水野等人还发掘了第九、十窟（沙畹第五、六窟）前的地面，清理出石窟前方列柱的底部。柱基呈八角状，其台基正面的浮雕彼此相对，侧面以香炉为中心，两侧分别是虎。云冈石窟中许多被埋没的部分，渐渐地为人知晓。

关于第九、十窟：

"石窟开凿时，窟前是否有建筑物，尚不能确定。我曾认为没有，但现在又觉得存在的可能性很大。"

第十一窟（沙畹第七窟）中有太和七年和太和十九年的造像铭文。其他东西方洞窟中还有太和十三年、景明元年、延昌四年的造像铭文。延昌四年的铭文是在此次考察中发现的。

水野的文章中还提到了三篇云冈指南，分别是：

福岛圆明《大同一瞥和石佛》〔活版四六版39页，昭和十三年（1938）三月十日刊〕；

桐谷幸昌《大同的石佛与石炭》（誊写版，同年四月二十八日）；

上田守夫《云冈的石佛》（誊写版，同年四月二十五日刊）。

福岛是某部队的从军僧人，桐谷是某部队大尉，上田是当时驻大同兵站的少佐支部长。

长谷川兼太郎《武州塞石窟》〔《日本医事新报》第七九六至八〇五号，昭和十二年（1937）十二月至十三年二月〕。

此文章对云冈每一个洞窟都作了详尽的介绍，是一篇不错的指南。另外，作者还创作了《鲜卑族与北魏朝》一文，对北魏的兴亡进行了考证。

大口理夫《云冈石窟像的塑造性倾向》〔《画说》昭和十三年（1938）二月号，东京美术研究所发行〕。

“云冈石窟的诸像均是崖壁上的浮雕，因此可称之为石雕。而敦煌石窟则是将塑造好的雕像放置于石窟或石龛之中。这一点不同是很有必要向大家说明的。”

“然而，在云冈造像的过程中究竟使用了多少塑土，这是值得我们关注的问题。正如第十七窟本尊弥勒佛像的衣纹，其衣着呈分层平整的断层状，各层边缘每隔一定的间隔上穿凿着小孔。我觉得，小孔用于固定支柱，而支柱用于附着各层边缘的塑土，以展现出衣褶隆起的效果。这与巴米扬石佛的塑造手法相同。”

“在云冈时我曾想：最初，工匠们的理念与技巧一定倾向于塑造性。但当他们挥舞起凿子的时候，其想法便自然而然地开始向石雕性转变。”

大口理夫《六朝石窟寺院中佛龛的消长》〔《考古学杂志》第二十八卷第十号，昭和十三年（1938）十月发行，考古学会〕。

“在敦煌第一百一十一窟中，有一座建于唐武周圣历元年（698）的石碑，根据碑刻‘大周李君修功德记’中记载，前秦建元二年（366），沙门乐僔首开石窟，之后法良禅师、建平王、东阳王持续营建，直到唐代立碑之时，敦煌石窟建造工程仍在继续。如果碑文记载无误，那么敦煌千佛洞应该是中国石窟的嚆矢，远比北魏时期的云冈石窟要早。”

又说道：

“但是，第一百二十N窟，乃至第一百一十一、第一百一十一A窟是否能够追溯到乐僔时代，仍有待考证。尽管无法确定，但我认为它们具备北魏时代的造窟风格。换言之，这几窟是与云冈石窟同时代的产物。虽说敦煌石窟起源较早，但逐窟比较的话，敦煌的六朝式石窟未必比云冈、龙门更为古老。”

“敦煌是西域至中原王朝的必经之路，因此，它的造像风格更加具备西方系特征。换言之，即便此地的六朝式佛窟晚于云冈龙门，其仍与西方的造像原型更为接近。在佛龛东渐的课题中，首先应该关注的是石窟的建造年代，其次也要考虑到地理位置对于传承西方特色的重要性。”

“敦煌石窟在这方面有两点表现：其一，佛龛内丰富的装饰。其二，佛龛、石窟在整体上更具有建筑性意味，并与雕塑性的佛像在表现意义上相互融合。佛龛具有独立性，同时，其特征也体现出印度特色。”

云冈石窟尽管在建筑设施的表现上比敦煌复杂，但是，其建筑性却十分薄弱。佛龛缺乏约束佛像的力量，相反被佛像所压制。毫不过分地说：云冈石窟的佛龛，其开凿一定晚于佛像，大概是在佛像凿刻完成之后，稍加修饰而成。

另外，关于龙门石窟，大口这样说：

“云冈石窟的佛龛缺少独立性，其价值也时常被我们所否定。但是从另一个角度来看，它未尝不是一种特有的形式，给予我们对佛龛新的认知。同时，我认为这种特点对龙门石窟产生了影响，是其具有石雕性倾向的根源所在。”

我一边摘录其文章一边思考，觉得他的论说很有道理。只是有一点，印度与中国的生活方式不同，印度气候炎热，所以有居住石室的必要。中国没有，所以建造类似石室的石窟时，大多模仿印度。同时，在洞窟前面要修建木质结构建筑。洞窟拱顶形状的不规则性，未必会对建筑物产生影响。

云冈石窟这种不刻意追求固定形式的造窟造像法，如今看来，却表现出原始的活力和自由艺术的美观。换言之，云冈石窟的建筑性并不受实用主义的羁绊，它源于工匠们发自内心单纯的创作动机，其无规则性反倒使我们感受到一种奔放的激情。

三上次男《从张家口到云冈》〔《画说》昭和十三年（1938）八月号〕。

这篇文章记载了三上于昭和十二年（1937）正月，由张家口至云冈的旅行见闻。

“日落黄昏，没有一丝微风。我登上山丘，看到了昔日土城的残影，以及其四方山顶上的烽火台。在这里，我拾到一些散落着的北魏时代的陶器碎片，以及辽金时代的砖块瓦砾。”

《大同云冈石窟寺古迹详志》〔“晋北自治政府民生厅”民国二十七年（1938）四月〕。

我猜想这是一本石版印刷，类似于指南性质的小册子，其中提到“关于云冈石窟，日人研究甚详，著书甚多”等等。

另外，还有一些相关文章，列举如下：

田中萃一郎《与云冈石窟相关的文献》(《中央史坛》)；

铃木浩《大同的石佛》〔《中国》第二十九卷第九号，昭和十三年（1938）九月〕。

根据中华图书馆协会丛书中的国学论文索引（全四卷），可知以下论文。遗憾的是，其发表年月不详。

哀希涛《大同云冈石窟佛像记》(《东方杂志》第十七卷第四号)；

婴行《云冈石窟》(《东方杂志》第二十七卷第二号)；

方山《大同云冈石窟》(《南大半月刊》第一卷第十期)；

谢国桢《大同石窟寺》(《国风半月刊》第五卷第六、七合期)；

赵邦彦《调查云冈造像小记》(《国立中央研究所历史语言研究所集刊》第一本第四部分)；

周鉴、周一良《山西石佛考查记》(《燕北学报》第十八期)；

兑之《大同云冈石窟志略》(《国闻周报》第六卷第四十二、四十三期)。

图六十二　云冈石窟 西方一座小窟雕刻燃灯佛授记图

图六十三　犍陀罗雕刻燃灯佛授记

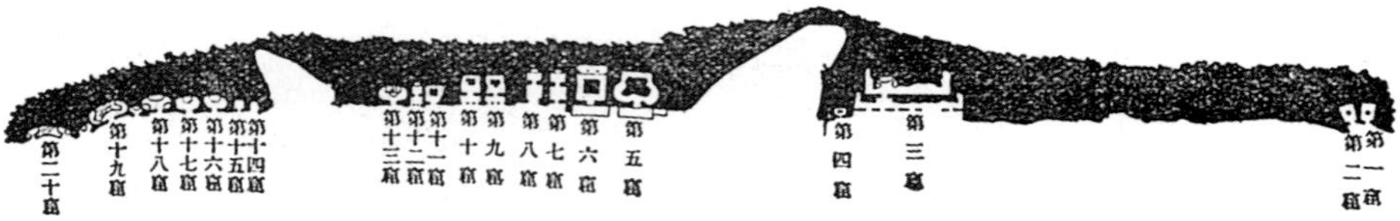

图六十四　云冈石窟平面图 关野博士作

跋

大正九年（1920），我们初次来到云冈，在那里停留了 17 天。当我们欣赏石窟石佛的时候，尚未打算从艺术或佛教艺术史角度去对它进行学术研究。我们只想领略它的艺术美感，沐浴当地的牧歌情调，以及古迹的哀伤情怀。正因如此，我们的记事偏重于中央第一至第六窟（今第 5 至 10 窟），而忽略了对第十九窟（今第 20 窟）露天大佛等西方诸窟的考察。《云冈日记》所记述的只是石窟的艺术气息，而非细致客观的学术评论，书中写生画也并非惟妙惟肖。此次座右宝刊行会希望能够将本书再版，看重的正是它的文学性，而非研究性。但是，我觉得若重新出版的话，以过去那种无拘无束的创作态度是绝对行不通的。如今，研究云冈石窟已经成为“云冈学”。如果当时有充足的时间，我真想致力于此。然而，大正十年（1921）五月，我前往美国及欧洲游学，对石窟的学习研究也因此被迫中断。

大正十三年（1924）我从欧洲回到日本。回来后发现，我仅有的一些家当和收集品已在东京大地震中遗失。这几乎使我丧失了重新学习中国文化的希望。因此，我将精力转投至对天主教文学的研究中。

山西省被日军占领后（1937），云冈石佛重新引起了日本人的关注，这也令我想起了自己的那本游记《大同石佛寺》。当出版社提出再版的请求时，我欣然接受，因为我觉得它或许可以作为一本回忆文学，以展现 18 年前云冈石窟的情景。同时，为了让这本书重新问世，我计划再写几篇文章，一并附于书中。

匆匆忙忙地写完了《大同石佛杂话》。另外，参考《魏书》，还写了一篇《北魏的造像》。

我收集并阅读了一些云冈石窟文献，深刻体会到，若将此书以过去的形式再版必然不妥。当时，《云冈日记》已经排版印刷，事已至此，我也无法对文中涉及的石窟研究进行修正。于是，只好再写一篇《云冈石佛文献抄》，以减轻我心中的愧疚。九月之后的几个月是我一年之中最繁忙的时候，甚至无暇涉猎这些文献。幸好有斋藤菊太郎热忱的帮助，将其中一半文献进行了系统的整理。还有许多尚未引起学界关注的论文和记事，将它们全部收集起来就如同大海捞针一般。文章著述之多，也能够体现出“云冈石窟学”在稳固地向前发展。我在写“杂话”、“造像”以及“文献抄”的过程中，获得了很多新知。就现在心情而言，这些文章虽有不足之处，但却对本书再版有不可或缺的意义。

今后，佛教艺术研究一定会更加兴盛，而且似乎离顶点已然不远。真心希望此次再版的《大同石佛寺》能够成为这一进程中的一处标识。与龙门相比，可以说云冈几乎没有什么变化。但是今日我的感情心境，已然与当初到访时有所不同。恐怕，如今再去云冈，对比《云冈日记》当时的情景，一定会对自己过去的某些想法而感到意外。即便如此，我还是觉得《云冈日记》包含的是文学性的回忆情怀。此次再版，山本明将他的百余幅照片副本赠送给我，为书中大部分内容提供了摄图参照。另外，在东京帝国大学工学部的藤岛亥治郎教授的帮助下，我有幸借阅了建筑学教室保存的印度寺院、石佛的照片。

借此机会，向藤岛、山本、斋藤三位先生表达我内心的谢意。

诚如之前所写到的，我欣赏云冈石窟，凭借的不是科学性的精确、客观的眼光，而是个人的偏爱嗜好。比如第七窟（今第 11 窟）前壁大佛龛的佛像（摄图六十三），其容貌与照片所呈现出的印象完全不同。我想以自己的视角将它描画在纸上，但尝试了两三次都未能成功。仅有一张未完成的写生画中融入了我当时的几分心情（图六十五）。

图六十五　第七窟（今第 11 窟）前壁大佛龛中的坐像头部

关野博士认为，兴建于隋代的东方第三窟（今第 3 窟）中的胁侍（摄图七十三）是佛像雕刻史上极为重要的作品。但在当时，我却认为它与洞窟整体缺乏协调感，因而没有对它给予重视。贝尔契斯基（Perzynski）在其著作《中国的诸神》（1920 年刊）中，用不同于常人的摄影视角将那尊佛像展现得极为美丽（摄图一百一十二）。时代不同，人的喜好也会随之变化，进而反映在对古代艺术品的鉴赏上。为什么呢？人所创造出的艺术品，未必能够立体地表达出作者的初衷。通过作品，将古代艺术家心中的理想再现于自己内心，这难道不正是欣赏艺术作品或宗教作品的方式吗？《万叶集》诗歌的含义，从创作之初到现在或许已经发生了变化，但我们依旧能够通过这些诗歌领略到其作者的灵魂。我常引用法国作家法朗士的一句话："现在的我，尚不能理解哪怕一句《伊利亚特》或《神曲》的本义。所谓生活是万千变化的，被记述下的我们的思想,在未来也会遵循这样的法则而发生变化。"古代艺术品也有重生之日。它们在被人欣赏的同时，能够散发出新生的光辉和力量。

中央第六、七窟（今第 10、11 窟）（摄图五十八、五十九）建造形式的起源，今后一定会成为值得研究的问题。它们与中央第一、二窟（今第 5、6 窟）等洞窟的构造形式不同，其佛像与第十八、十九窟（今第 19、20 窟）也有差别。松本文三郎博士认为，其与笈多雕刻相似，大概是云冈初期的作品。尽管学界对此存在异议，但佛像的确具有中印度特征。在经历后世修补之后，佛像的真容已难以辨

图六十六　云冈风景

图六十七　日军于云冈的公告

认，当剥去泥塑，褪去补色，我想，其姿态、衣褶依旧能够呈现出中印度艺术的风格。在此，我提供一张来源于建筑学教室的照片（摄图一百一十三）。将它与摄图第五十八左下部立像进行比较，便会吃惊地发现两者极为相似。

阅读三上次男的《从张家口至云冈》而知，如今的云冈有中国兵营和医院，另外在石窟古寺附近还修建了晋军骑兵司令部的别墅。虽说没有变化，但与18年前已经不同。在此插入一张当年所画的风景画（图六十六），它是从第一或第二窟（今第5、6窟）寺阁最上层向下望去的景象。

昭和十二年（1937）九月十一日，由大同发布的“同盟通信”这样写道：“为了防止皇军各部队的战火波及中国珍贵的文化遗产，我们进行了所有必要的保护手段。但是，在战斗混乱之际，一些不法之徒将云冈石佛偷运出界，以致云冈荒废不堪。鉴于此，驻大同某部队长从文化保存的角度出发，于二十日发布保护佛像的命令，并严惩盗窃者。”幸好有这样的法令，才使得1500年前的北魏古迹得以完善保存。图六十七的摄图是由东方文化研究所的羽馆易所拍摄的，我从斋藤处将它借出，在此展现给大家。

云冈的事情，不论写多少都写不完。就这样停笔吧。

昭和十三年（1938）十一月六日，强震后

译者后记

在仙台读研究生时，所爱之处莫过于学校图书馆书库。除了查阅史料、阅读所需之外，还能邂逅许多古旧书籍，木下先生的《大同石佛寺》便是其中一本。此书出版于上世纪20年代，纸张虽已泛黄，封面也满是灰尘，对我而言却如获至宝。

我有浓重的乡土情结。从他国学者书中了解到自己家乡百年前的风情旧事，对于身处异乡的游子无疑是莫大的慰藉。在祖父和父亲的建议下，我决定将这本书翻译成中文，一来锻炼文笔、二来消磨时光。若国内尚无译本，有幸出版，令众人读到此书，想来也是一件有益的事情。

大学时，曾师从翻译家竺家荣老师修过两年文学翻译课程，掌握了一些粗浅的日文翻译技巧。但仅凭这些，想要完成一部学术译作是远远不够的。以木下先生的学术背景，以及石窟本身所涉及到的宗教、建筑、美术甚至历史知识而言，翻译此书绝非易事。仅仅怀着对家乡的爱恋,以及希望让其他人读到书中内容的迫切心情，我得以坚持一边查阅资料自学、一边完成翻译。然而，时至今日，出版在即，我仍不敢妄言此译作是否完全还原了著者所要表达的创作意图和学术思考。

从起笔翻译到译作定稿，前后近两年时间。我想，翻译只是学习的一种途径或方法，文字日积月累的意义远不及对一门学问的潜心研究。能够以翻译为契机，初窥到云冈文化的内涵，对我而言受益匪浅。

感谢云冈石窟研究院张焯院长、王恒书记对译稿修改提出的宝贵意见，以及对本书出版给予的莫大支持。感谢王雁卿老师逐字逐句地审阅指正。三位老师对晚辈后学在学术上的真诚鼓励与关心，令我感动不已。同时，感谢江苏凤凰美术出版社的毛晓剑、程继贤、王煦、黄卫等编辑在出版事宜上的帮助！

一本书，万千文字，能够唤醒一个人对故乡的思恋，足矣！

2016年5月于上海